JN176565

対米従属の原点
ペリーの白旗

矢吹 晋

花伝社

対米従属の原点　ペリーの白旗◆目次

第1章　対米従属の原点、「白旗授受」はなかったのか？　7

第2章　「白旗」授受のあらまし　23

第1章　対米従属の原点、「白旗授受」はなかったのか？

（1）「ペリーの白旗」とは何か

黒船来襲

一八五三年七月、アメリカのペリー艦隊が浦賀沖に突如現れ、江戸中が大騒ぎになった。いわゆるクロフネ騒動だ。江戸の人々を驚かせたのは、四隻のうち二隻が見たこともない異様な「蒸気船」であり、巨大な大砲を備えていたためだ。「泰平の眠りを覚ます上喜撰（蒸気船）、たった四杯で夜も眠れず」という狂歌が当時の世相を活写している。上喜撰とは、宇治の高級茶のブランド名だ。「喜撰」銘柄のうち、上等なものは「上喜撰」と呼ばれ、人気が高かった。「喜撰」は、元来六歌仙の一人であり、歌人の喜撰法師に由来する。上喜撰四杯で寝つけなくなるとは、と蒸気船クロフネ四隻に狼狽する幕府を江戸庶民は皮肉った。

幕府も庶民もまず蒸気船という新型船の偉容に驚いたが、もっと驚いたのは異国船打払令をまるで無視して、傍若無人のように湾内に居すわったことだ。「打払い令」とは、江戸幕府が一八二五年に発した外国船追放令である。一八〇八年一〇月に起きたフェートン号事件（イギリス海軍のフリゲート艦フェートン号がオランダ船拿捕のために、国籍を偽りオランダ国旗を掲げて長崎に入港した事件）、一八二四年の大津浜事件（水戸藩領の大津浜にイギリス人一二人が野菜や水を求めて上陸した事件）を契機に発令されたが、日本の沿岸に接近する外国船は、見つけ次第に砲撃し、追い返して、鎖国を守る措置である。

黒船襲来より一六年前の一八三七年、日本人漂流漁民音吉・庄蔵・寿三郎ら七人を送り届けようとして下田に来航したアメリカ合衆国商船モリソン号も砲撃され、追い返されたことがあった。モリソン号は幕府の誤解を防ぐために、あえて「砲門を外して接近した」にもかかわらず、それでも幕府側から問答無用といわんばかりの砲撃を受けて、漂流漁民の送還に失敗し、そのまま連れ帰ったのだ。この失敗をつぶさに検討しつつ、ペリー艦隊は、万全の構えで浦賀沖に近づいた。

数日にわたる駆け引きののち、久里浜に臨時に設けられた「幕の内」で、大統領国書を収めた箱が捧呈されたことは誰も否定しない。ここで難題は、幕府側に渡された箱が「二箱存在した」と「続通信全覧類輯」に明記されていることだ。片方に国書が収められていたとするならば、もう一つの箱には何が収められていたのか。

あらかじめ本書の結論を書いておく。その箱には「白旗二枚と白旗の意味を説明する説明書」が収められていたと解するのが最も合理的なのだ。

白旗否定論の横行

しかしながら、ペリーの正式報告（『遠征報告書』）にも、幕府側の記録集（『幕末外交文書』）にも、白旗授受についての記述は曖昧である。『幕末外交文書』は史料集であり、「白旗差出の件」という文書は存在するが、この文書と捧呈式の関係は明記されていない。

ここから、「記録にない以上は、白旗の授受は存在しない」と見るのが白旗授受を否定する論客たちの見解である。この論は近年「通説」にまで格上げされた形になっているが、否定論者にとってまことに不都合なことに、「幕府は白旗で脅迫された」とするウワサは、当時から江戸中をかけめぐっていた。

というのは、モリソン号までは打ち払い令で異国船を追い返していた幕府が、打ち払いを止めただけでなく、久里浜に設けられた天幕のなかで、異様な受け渡しが行われたのはなぜか、そのナゾを否定論者は説明できないからだ。

ここからいわゆる「白旗問題」が生まれた。国書を収めた「一つの箱」だけに着目し、その授受をもって開港への話し合いが成った、とする議論と、「もう一つの箱」に着眼して、その中身を詮索する議論に分かれた。後者には白旗が収められていたに違いない。そのように解釈しなければ、ペリーがわざわざ「二つの箱」を用意したことの意味を説明できまい。

本書の著者が冒頭で指摘したいのは、もし「白旗による恫喝」がなかったら、幕府側は果たして大統領国書を受け取る決断を行ったであろうか、という疑問である。

本書はその秘密に挑戦する。

（2）なぜ近年、白旗トラウマが再燃したか

『新しい歴史教科書』の記述

二〇〇九年六月二日、横浜では開港一五〇周年の記念イベントが行われた。この記念イベント前後に、人々が開港前夜から二一世紀に至る歴史を回顧したのは、自然な成り行きであろう。私自身は長らく横浜市立大学に勤務して、少し前に定年を迎えていたが、一連の動きを横目で眺めていた。松本健一の『白旗伝説』が文庫版として再刊されたあたりから、「白旗授受」をめぐる論争は、にわかに政治的色彩を帯びることになる。

というのは、松本氏の主張を受け、『新しい歴史教科書』（二〇〇一年版）のコラムに「ペリーが渡した白旗」と題して、白旗事件が書き込まれたのだ。

この教科書に対して二〇〇一年六月二〇日、二一団体（大阪歴史科学協議会、熊本歴史科学研究会、史学会、総合女性史研究会、地方史研究協議会、中世史研究会、中国現代史研究会、朝鮮史研究会、東京歴史科学研究会、名古屋歴史科学研究会、奈良歴史研究会、新潟史学会、日本環太平洋学会、日本現代史研究

会、日本史研究会、佛教史学会、法政大学史学会、宮城歴史学研究会事務局、歴史科学協議会、歴史教育者協議会、歴史学研究会）が、「新しい歴史教科書が教育の場に持ち込まれることに反対する緊急アピール」を発表した。

それに付された「新しい歴史教科書に見られる初歩的な誤り」と題した「正誤対照表」には、「〈コラム〉ペリーが渡した白旗――明白な誤りである（口頭で説明）」と記されている。

これらの反対キャンペーンに屈したのか、二〇〇五年刊行の『新しい歴史教科書』改訂版から、突然「白旗書簡」のコラムが消えてしまった。代わりを埋めたのは、『日本遠征記』から抜粋・要約した「ペリーは日本人をどうみたか」と題するコラムである。

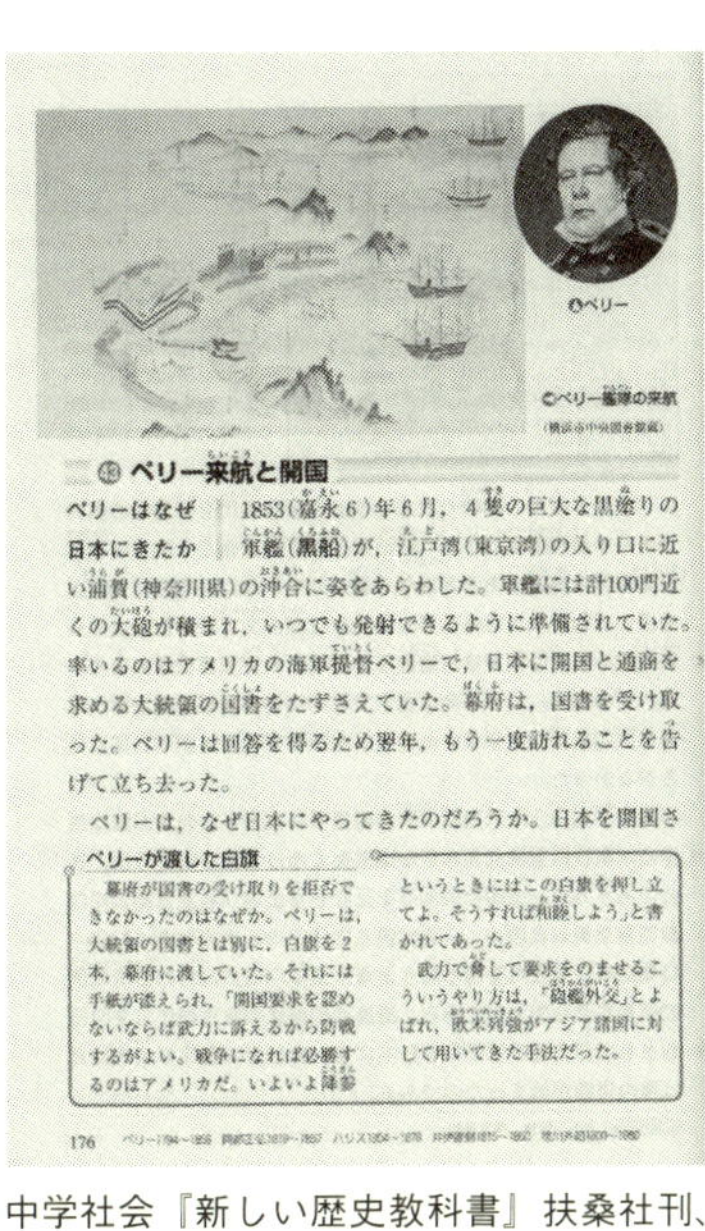

⑬ ペリー来航と開国

ペリーはなぜ日本にきたか　1853（嘉永６）年６月，４隻の巨大な黒塗りの軍艦（黒船）が，江戸湾（東京湾）の入り口に近い浦賀（神奈川県）の沖合に姿をあらわした。軍艦には計100門近くの大砲が積まれ，いつでも発射できるように準備されていた。率いるのはアメリカの海軍提督ペリーで，日本に開国と通商を求める大統領の国書をたずさえていた。幕府は，国書を受け取った。ペリーは回答を得るため翌年，もう一度訪れることを告げて立ち去った。

ペリーは，なぜ日本にやってきたのだろうか。日本を開国さ

ペリーが渡した白旗

幕府が国書の受け取りを拒否できなかったのはなぜか。ペリーは，大統領の国書とは別に，白旗を２本，幕府に渡していた。それには手紙が添えられ，「開国要求を認めないならば武力に訴えるから防戦するがよい。戦争になれば必勝するのはアメリカだ。いよいよ降参というときにはこの白旗を押し立てよ。そうすれば和睦しよう」と書かれてあった。

武力で脅して要求をのませるこういうやり方は，「砲艦外交」とよばれ，欧米列強がアジア諸国に対して用いてきた手法だった。

176

中学社会『新しい歴史教科書』扶桑社刊、2001 年検定済み[1]

政治化した白旗論争

一連のドタバタ劇を時系列で整理すると、こうなる。

①一九九五年五月、松本健一の『白旗伝説』（新潮社版）が発表され、三年後に講談社学術文庫版が出た（一九九八年五月）。これによって白旗問題が再燃した。

②松本の問題提起を受けて、『新しい歴史教科書』（二〇〇一年、扶桑社版）は「ペリーが渡した白旗」というコラムを掲載した。この一派の反米ナショナリズムにフィットしたのであろう。

③右翼版『教科書』に対して、左翼陣営は即座に反論した。宮地正人教授（前東大史料編纂所所長）の偽造文書批判が『歴史評論』（二〇〇一年一〇月号）に発表され、他の東大系歴史家も宮地に追随して、白旗文書は「偽文書」とそれぞれの著書に書き続けた。

④このころ、ハーバード大学の入江昭教授は、白旗差出問題について、「初耳」とインタビューに答えて（二〇〇二年）、事実上、東大系「偽文書派」の援軍の役割を果たした。

⑤その余波は、故人にまでおよぶ大喜劇となる。再刊された大川周明著『日本二千六百年史』（毎日ワンズ、二〇〇八年一〇月版）から編集者は、白旗文書の項を削除してしまった。

⑥若手研究者の桐原健真著『吉田松陰——日本を発見した思想家』（ちくま新書、二〇一四年一二月）や岩下哲典[2]は、「**白旗書簡偽文書論は、いまや定説である**（強調引用者）」と断定する始末だ。

誤謬が定説扱いされては、困る。歴史の教訓を学ぶ必要性が高まっているときに、歴史の真相から目を背ける解釈がまかり通る風潮は、厳しく批判されてしかるべきだ。

（３）歴史の暗闇に消え、亡霊として生き続ける「白旗トラウマ」
――日米関係と日本ナショナリズム

対米意識のトラウマへ

白旗問題は日本人の対米意識の底流に沈殿し、日米関係の悪化と共に日本人の反米感情を刺激するトラウマとなり、今日に至っている。

一例を文学作品から探ってみよう。たとえば戦前の大ベストセラー、島崎藤村『夜明け前』第一部は、嘉永六年［一八五三年］六月のペリー来航から物語が始まる。主人公の青山半蔵が父吉左衛門の許可を受けて、江戸、日光をまわり、相州三浦の公郷村に在住の青山家の先祖とつながりのある山上七郎左衛門宅を訪問したときに、七郎左衛門が半蔵らに語ったペリー来航時の話は、次の通りである。

「ペリイは大いに軍容を示して、日本人の高い鼻をへし折ろうとでも考えたものか、脅迫がましい態度がそれからも続きに続いた。全艦隊は小柴沖から羽田沖まで進み、はるかに江戸の市街を望み見るところまでも乗り入れて、それから退帆のおりに、万一国書を受けつけないなら非常手段に訴えるという言葉を残した。それればかりではない。日本で飽くまで開国を肯じないなら、武力に訴えてもその態度を改めさせなければならぬ、日本人はよろしく国法によって防戦するがいい、米国は必ず勝って見せる、**ついては二本の白旗を贈る、戦に敗けて講和を求める時にそれを掲げて来るなら、その時は砲撃を中止するであろう**との言葉を残した。」

「異国――アメリカをもロシヤをも含めた広い意味でのヨーロッパ――シナでもなく朝鮮でもなくインドでもない異国に対するこの国の人の最初の印象は、決して後世から想像するような好ましいものではなかった。もし当時のいわゆる黒船、あるいは唐人船が、**二本の白旗をこの国の海岸に残して置いて行くような人**を乗せて来なかったなら。もしその黒船が力に訴えても開国を促そうとするような人でなしに、真に平和修好の使節を乗せて来たなら。古来この国に住むものは、そう異邦から渡って来た人たちを毛ぎらいする民族でもなかった。むしろそれらの人たちをよろこび迎えた早い歴史をさえ持っていた。シナ、インドは知らないこと、この日本に関するかぎり、もし真に相互の国際の義務を教えようとして渡来した人があったなら、よろこんでそれを学ぼうとしたに違いない。また、これほど深刻な国内の動揺と狼狽と混乱とを経験せずに済んだかもしれない。不幸にも、ヨーロッパ人は世界にわたっての土地征服者として、まずこの島国の人の目に映った。人間の組織的な意志の壮大な権化、人間の合理的な利益のためにはいかなる原始的な自然の状態にあるものをも克服し尽くそうというごとき勇猛な目的を決定するもの――それが黒船であったのだ。」（強調引用者）

この一節は、「白旗書簡」の内容をそのまま書き写した感がある。藤村が実父をモデルとしてこの歴史小説を書き始めたのは一九二八（昭和三）年といわれるが、**当時の日米関係が幕末のペリー艦隊来航当時に投影されているのは、見易い**と思われる。つまり大正から昭和に時代が代わり、満洲事変はまだ起こっていないが、軍縮会議等で日米の緊張は次第に高まりつつあった。作家の感性は時代を先取りして、ひしひしと押し寄せる米国の圧力を幕末の「白旗イメージ」で捕らえたのである。[3]

もう一つだけ例を挙げよう。一九三九（昭和一四）年に出て、敗戦までに「百万部売れた戦時下のベストセラー」、すなわち大川周明著『日本二千六百年史』にも、「ペリーの白旗」は特筆されていた。

「試みに吾等をして米艦来朝に際して幕府に差出せる文書を引かしめよ。文に曰く『先年以来、各国より通商願いこれある処、国法を以て違背に及ぶ。固より天理に背くの次第莫大なり。然れば蘭船より申し達し候通り、諸方の通商、是非々々希い候。不承知に候わば、干戈を以て天理に背くの罪を正し候につき、其方も国法を立て、防戦致すべし。左候わば、防戦の時に吾等にこれあり、其方敵対成り兼ねもうすべく、**若し其節に至り和睦を請い度ば、此度送り置き候ところの白旗を押し樹つべし**。然らば此方の砲を止め、船を退いて、

和睦を致すべし』と。而して之に添うるに二流の白旗を以てした。」（強調引用者）

大川のこの一節の記述は、『幕末外交文書』に収められている「白旗差出の件」をほとんど原文そのままに引用しており、それに基づくことは明らかだ。こうして昭和初めの島崎藤村から敗戦直前に至るまで、日本人が「反米」を意識するとき、脳裏には「白旗事件」がトラウマのようにしがみついて離れなかった。

（4）白旗トラウマの反面――GHQを解放軍扱い、「民主主義の伝導師」と讃える

敗戦――「鬼畜」から「英雄」へのイメージ転換

「戦時下のベストセラー」を紹介したが、敗戦によってこの種の「鬼畜米英」論は一挙に焼かれるか、屑箱入りした。教科書には墨を塗った。一九四五年敗戦の衝撃は極めて大きく、それまでの「善は悪に、悪は善に」一夜にして豹変した。白旗トラウマも例外ではない。米国は「日本に圧力をかける無法者」ではなく、国民を「軍国主義の軛から解放する担い手」とみる真逆の評価になった。なるほど日本軍国主義を武装解除したのは事実であり、これはポツダム宣言に基づく。長らく獄中に幽閉されていたリベラル派・左翼陣営の指導者たちを次々に解放したのであるから、彼らにとってGHQが「軍国主義からの解放軍」であったことは確かであ

ろう。

この類推が遡って幕末のペリー遠征に直結する。すなわち、江戸幕府の鎖国体制に最後の一撃を加えて、これを崩壊させ、開港政策を導いたのがペリーの功績だ。白旗授受の一件は、事実無根であり、かりに授受が存在したとしても些事にすぎまい。ペリーが持参した「フィルモア国書」に書かれた日米友好関係の樹立こそが開港要求の本質であり、開港によって、鎖国の陋習が打破され、日本は近代化の道を歩み始めた。「白旗による脅迫」なるものをあげつらうのは、歴史の本流から目をそらすものではないか。白旗のごとき噂話の類に目を向けるのは、木を見て森を見ない愚昧の徒である、等々——。

しかしながら、これらの単眼史観は、正しい歴史解釈とは言い難い。ペリーによるいわゆる「砲艦外交」をフィルモア国書に書かれた「外交辞令」から説明し、勢い余って白旗の恫喝さえも否定するのは、およそ本末転倒なのだ。「外交辞令」の行間には、いつも白旗に象徴されるような「もう一つの意志」が隠されている。これは帝国主義外交の普通のやり方であり、現代の外交においても事情はほとんど変わらない。

行間を読みきれない翻訳文からは、日米交渉の核心を把握できないのだ。

対米従属の「白旗トラウマ」

「白旗による恫喝」の有無を語るには、背景の分析が必要だ。白旗による恫喝なくして、ペリー外交は、成功したのか。幕府が開港を決意できたかどうか――その検証が必要なのだ。

一九四五年、ダグラス・マッカーサーの占領軍進駐についても、類似の悲喜劇が繰り返された。米軍は当初鬼畜扱いされ、沖縄戦では多くの悲劇が繰り返された。ところが、本土に上陸した占領軍は、今度はあたかも「民主主義の伝導師」扱いされ、「封建的隷従」から日本国民を解放する解放軍視される珍現象が広範に見られた。この種の認識・思考パターンは、戦後七〇年を経た今日でも克服されていないように見える。

この惰性は、長期にわたって沖縄における米軍駐留を容認してきた既成事実ともかかわり、日本人の道義感覚に甚だしい歪みを与えている。日本は、いまだに「白旗の亡霊」や「占領軍トラウマ」に捕らわれた眼でしか、世界や東アジア情勢を見ていない。お隣の中国を軽視・無視するかと思えば、一転して仮想敵国扱いする極端なブレは、「米国トラウマ」現象の一つだ。対米認識の反面は、対中認識であり、対中認識も極度に歪んだものとなる。

ここで特に問題なのは、サンフランシスコ講和条約の「片面性」の矛盾を忘れた議論である。「米国との戦争」がこの条約で終わったことを知らない者はない。では、米国との戦争はなぜ起こったのか。そのとき中国との「宣戦布告なき戦争（undeclared war）」は、どうなったのか。それはいつ終わったのか。

「終戦の詔勅」で終わったのは、どの国と戦った戦争なのか。中華民国側は日本に対して宣戦布告した（一九四一年一二月一〇日）にもかかわらず、日本はなぜ対中宣戦布告を怠ったのか。

「宣戦布告なき戦争」は、どのような手続きでこれを終わらせることができるのか。

歪んだ対米意識が生み出す、対中意識の混濁

日中戦争は「開戦がいつか」曖昧であり、これに対応して「終戦がいつか」も曖昧だ。日本人は八月一五日を終戦記念日と考えるが、中国人にとっての戦勝記念日は、日本が降伏文書に調印した翌日の九月三日である。では日中戦争は誰が勝ち、誰が敗れたのか。中国（国民党、共産党）は当然ながら、戦勝国を自任するが、日本人には「中国に敗れた」という自覚がほとんど欠けている。中国が戦勝連合国の一員であった事実さえ、軽視しがちだ。日中のいわゆる歴史認識のすれ違いは、ここに始まり、ますます拡大しつつある。

戦後七〇年、戦後生まれ世代が国民の大部分になったことと無縁ではないが、大方の日本人は「アメリカに敗れた記憶」さえ曖昧になり、中国が戦勝国、連合国の一員であった事実は知らなくて当然といわんばかりに無知丸出しだ。東京大空襲やヒロシマ、ナガサキを通じて、「戦争被害」の記憶は残るが、中国を戦場とした加害の記憶、「加害者としての日本」という記憶は極度に薄れた。

対米従属の原点

マッカーサー将軍は、戦艦ミズーリで降伏文書の調印式を行うに際して、ペリー艦隊の旗艦

に掲げられていた古い米国旗を飾る演出を行った。彼は一九四五年九月二日の調印式を一八五三年のペリー艦隊の成功を遥かに想起しつつ行ったのだ。

戦艦ミズーリに掲げられていたもう一枚の星条旗は、これもまた象徴的なもので、日本軍が真珠湾攻撃を行った日に、ホワイトハウスに掲げられていたものだ。

こうして日本降伏を世界に示す文書の調印式に臨むマッカーサー将軍は、①ペリー艦隊による開港と、②真珠湾攻撃による日米開戦を強く意識しつつ、この場に臨んだことが察せられる。

この文脈で、「ペリーの白旗」とは、アメリカから見て「対日政策の原点」を示すもの、日本から見れば「対米従属の原点」を確認するものにほかならない。

ペリーの遠征とマッカーサー将軍の進駐、これら二つの史実を徹底的に分析することを通じてのみ、白旗トラウマを鎮め、[4] 平等互恵の日米関係への道を模索できるであろう。

安倍晋三首相のトラウマも複雑骨折のようにネジレているようだ。「脱戦後レジーム」すなわち米軍占領下の体制からの脱却を安倍は訴える。安保法制はそのために必要だと主張する。だが、その安保法制の下で、対米従属はますます広がり深まる。安倍の考える「脱戦後レジーム」とは、結果的に見て、対米従属度をより深めることであった。これをもって「脱戦後体制」を自賛するのは、どこかが著しく壊れているように見える。

日本の安全保障論の核心は、昔も今も、米中との距離をどう保つか、これに尽きる。これはペリーによる開港以来、二一世紀の今日まで少しも変わらない。ここで日米関係の原点のイメージがあいまいなままでは、その後の日米関係の歪み、日中関係の歪みを正すことはできまい。本書が、「ペリーの白旗」という往事について、些事を追うのは、実は「明日の日米関係」、その対極にある日中関係を照らす手がかりを求めるためである。

注

1　著作関係者は以下の通り。
代表執筆者＝西尾幹二（電気通信大学名誉教授）
監修＝伊藤隆（東京大学名誉教授）、大石慎三郎（学習院大学名誉教授）、高橋史朗（明星大学教授）、田久保忠衛（杏林大学教授）、芳賀徹（東京大学名誉教授）。
執筆＝小林よしのり（漫画家）、坂本多加雄（学習院大学教授）、高森明勅（國學院大学講師）、田中英道（東北大学大学院教授）、広田好信（北海道札幌市立西陵中学校教諭）、藤岡信勝（東京大学教授）、八木哲（静岡県藤枝市立高洲中学校教諭）、谷原茂生（栃木県今市市立豊岡中学校教諭）。

2　岩下哲典「ペリーの白旗書簡は偽文書であるが、『此旗ニ本差出』は事実である」『明海大学教養論文集』一三号、二〇〇一年。「ペリー来航以前における浦賀奉行所の白旗認識と異国船対策」『開国史研究』五号、二〇〇五年等々。

3　藤村はまことに時代の子であった。岩畔豪雄『昭和陸軍謀略秘史』は次のように証言している。「南京の虐殺なんというのがそれだ。それで私が軍事課長の時に、これはいかんというので『戦陣訓』を私が提案して作って貰ったのはそれなんですよ。強姦しちゃいかんなんということは（勅語には）書けないから、戦陣訓ということになれば、どんなことをしてはいかんということもかけるから、そういうものを一つ作ろうということで作りました」「結果は私の考えたものと少しちがったものになりましたけれどもね」「島崎藤村などが最後に文章を直したのです」（一七八頁）。

4　白旗トラウマの典型例の一つは、石原慎太郎が盛田昭夫との共著で描いた『「NO」と言える日本』（カッパ・ホームス、一九八九年）であろう。反米を売り物にするはずの石原が、二〇一二年四月一六日米国のヘリテージ財団で講演した。「日本の防衛をどうするかって問題がこれからますます大事になってきます。ずーっとアメリカさんのお妾さんできたんだから、なんでもお願いします。もうこんな時代は終わんなきゃいけない」「でね、東京都はあの尖閣諸島を買います。買うことにしました」「本当はね、国が買い上げたほうがいいんだけれども、国が買い上げると支那が怒るからね、なんか外務省がビクビクビクビクしてやがんの」「まさか東京が尖閣諸島を買うことでアメリカが反対するわけないよなあ？　ないでしょ？」（石原都知事演説のノーカット版）。

第2章　「白旗」授受のあらまし

はじめに――ペリーの課題と通訳・ウィリアムズの苦い過去

ペリーは一八五三年に来航した際、日本が「通商を欲しない国法」を堅持していることを十分に認識していた。そのような鎖国日本に対して、どのような戦略・戦術で開国を迫るべきか、これがペリーの課題であった。軍人外交家のペリーは当然砲艦による威嚇を中心に考えたが、ここで日本の国情や人々についての重要な入れ知恵を、通訳のサミュエル・ウィリアムズに求めたのであった。

ウィリアムズは、一八三七年に商船モリソン号に救助した乙吉ら日本漂流民[1]を乗せて送還するため浦賀沖までやってきたが、異国船打払い令[2]による砲撃で追い払われ、引き渡しに失敗した苦い体験をもつ。そのため彼は、商船派遣という形の平和的形態の失敗を痛切に認識していた。

幕府と呼ばれる日本政府が鎖国という国法を固く守っていることは、すでに日本と通商関係をもつオランダから聞いていた。国法を尊重すべきであるという考え方に異論はない。それはどこの国にとっても同じことだ。

だが、灯油に用いる鯨漁をやめるわけにはいかない。鯨漁で嵐に遭うと、一方は日本に漂着し、他方はアメリカに漂着する。これらの海難事故の漁民を救う協定は、鎖国令のもとでも可能なはずだ。ウィリアムズは、モリソン号での漂流民送還の失敗を慎重に検討しつつ、幕府との交渉、説得をどのように進めるか、頭を悩ましていた。まずはなによりも、和交の意図を示すことだ。

この経緯を踏まえつつ、一八五三年のペリー艦隊は、浦賀に近づいた。六月四日、浦賀奉行伊豆守の部下与力組頭・香山連(れん)栄左衛門永孝(ながのり)[3]を相手として、幕府側通訳二名だけの乗船を許す方式で折衝を始めた。この章では、ウィリアムズ、そして幕府側の記録をもとに、丹念に白旗と書簡の受け渡しまでの経過を追ってみよう。

（1）日米船上対話の展開——嘉永六年六月四日・七日の対話

三日夜から四日会談まで——ウィリアムズ『随行日誌』から

嘉永六年［一八五三年］六月三日浦賀沖に着いてからの模様をウィリアムズ『随行日誌』から

読んでみよう。

・三日夜から四日にかけて船上でウィリアムズたちは、「敵の来襲を待ち受けるごとく警戒体制」を続けていた。というのは、陸では、一晩中半鐘が鳴り響き、その音が船にも届いていたからだ。つまり、海側のペリー艦隊も陸側の浦賀奉行所も、**厳戒体制**で夜を明かしたわけだ。夜の闇が警戒心を強めたのはいうまでもない。

・朝七時、「浦賀で最高位を（自称する）栄左衛門」が通訳二人と与力の手下四～五名と共に船に近づき、談判にやってきた。栄左衛門は、なぜ浦賀へ来たのか、将官の地位は何か、等を聞く。そこでブキャナン船長が栄左衛門と通訳二名だけを部屋に招く。

・船長室で栄左衛門が説明したのは、自分としては国書を受け取りたいけれども、「書簡受取りは国法が禁じているため、公式にはできない」と説明した。これに対して、ウィリアムズたちは、「書簡を受けとってもらうまで停泊する」と脅迫しつつ、「受取りにふさわしい人物を船に連れてこい」と要求し、これは「大統領から天皇への国書である」「当方は委任された任務を執行する義務がある」と説明した。

（このやりとりは、鎖国の国法を盾に書簡の受取りを拒否する栄左衛門に対して、ペリーの側も米国の国法により、手渡しの義務を負っていると、論理を対置させたものであろう。）

・「用向きがあるなら長崎へ行け」との栄左衛門の指示に対しては、「われわれは（出島ではなく）浦賀に派遣されたのだ、幕府（将軍）に近いからだ」、と説明し、長崎行きを明確に拒否した。これはむろん長崎にのみ窓口を開く幕府の応接体制へのゆさぶり作戦である。

・こうしたやりとりの後、ウィリアムズは「国書と信任状」の原文を示し、続けて「翻訳文を収めた包み」も示し、来航の目的を繰り返し説明した。

ここから明らかなように、六月四日すなわち**「最初の船上会談」の時点で、香山らは国書の蘭語訳と漢語訳を通じて、国書の概略をすでに読んでいる。**しかしながら、ウィリアムズの観察によると、香山は国書自体にはほとんど関心を示さない。そして「小さな箱」を届けるために「なぜ軍艦四隻でやってきたのか」を繰り返し問いただす。香山が与力（奉行の配下で、部下の同心を指揮した役人）であることを知る者から見れば当然の「訊問」だが、ウィリアムズ自身は、香山の身分をまだ知らない。

・「天皇への敬意を示すため」の軍艦四隻と説明したが、栄左衛門は納得したようには見えない。ウィリアムズは飲み物と菓子をすすめたが、栄左衛門はそれに手をつけない。そして江戸表との連絡往復に四日かかるので、返事が届き次第、再訪する、と今後の方針を伝える。

ここでウィリアムズは白旗について次のように記述している。**栄左衛門たちは白旗の意味を**

はっきりと教えられ、[4]朝に白旗が掲げられるまでは訪問を控えるべきことを教えられた。[5]この場面は、幕府側記録が臨場感に富む。ブキャナン船長室のインタビュー（会談）について、ウィリアムズは「終始、その態度物腰は、威厳と沈着を保持しつつ行なわれた」と栄左衛門の「訓練された役人ぶり」を好意的に記述している。さて栄左衛門の発言内容は、すでに指摘したように、ウィリアムズにはほとんど意味が理解されていた。

・会談の終りに、通訳達之助が栄左衛門の役職を「浦賀で最高の高官」と紹介した。ウィリアムズはこの時点では、浦賀奉行所の要員配置を知らないが、まもなく香山の職掌を正確に聞き出している。

・ところで、栄左衛門は艦隊長の名を聞いて、ペルリと教えられる。このとき、「これ以上の恭順はないほどにうやうやしく聞いた」。ウィリアムズが驚いたのは、「名を名乗り、これを承る」という儀式を重んずるやり方だ。「国書には敬意を払わない」にもかかわらず、「ペリーという艦隊長の名には敬意を払う」幕府役人の態度をウィリアムズは驚きをもって記述している。

・別れ際に「貴方はアメリカ人か」と誰かが聞く。ウィリアムズはおどけて「いかにも左様でござる」と香山の口調をまねて答える。「そこで一同は大笑いになった」。それから「達之助がウィリアムズの名を聞き当て、ウィリアムズが達之助の名を確認した」。

・さらに、ウィリアムズは、香山が挟み箱を小姓にかつがせるのを見て、箱の中味を聞く。これは与力の道具衣装一五点入りセットだ。ウィリアムズは房飾りのついた「真鍮製十手」に目を引かれたが、その用途はわからない。

三日夜から四日朝の接触までは、戦々恐々とした心境でウィリアムズは一夜を明かした。ところがいまや、数時間の対話だけで一挙に、すっかりうちとけている。この外交能力は、日米双方とも目を見張るものがある。

栄左衛門が与力であることはまもなく聞き出すことになるが、この時点ではまだそこまで対話は進んでいない。

幕府側与力栄左衛門の記録

以上の観察は、通訳ウィリアムズの目を通した記録だが、幕府側与力栄左衛門の記録は、つぎのように記している。六月四日早朝、栄左衛門は通詞堀達之助と同立石得十郎を伴ってサスケハナ号に乗船した。

・船中の形勢、人気の様子、非常の体を相備え候につき、とてもこのまま書翰御受取りこれなくては、平穏の取り計らい相成り兼ね候。

・浦賀にて御受取りに相成らず候わば、江戸表にまかり越し相渡すと申すべし。
・江戸表へ相伺い候えても、当所にて御受取りに相成らず候わば、［ペリーは］使命をあやまり候、恥辱雪ぐべきなし。
・されば浦賀において余儀なき場合に至る［戦端を開くこと］と申すべし。
・その節に至り候とも、用向きこれあり候わば、**白旗を建て参りくれ候わば、鉄砲を打ち掛け申すまじき段**の存念、申し聞き候。
・相貌、将官はもちろん、一座に居合わせし異人一同、殺気面に相顕れ。（強調引用者）

ウィリアムズ『随行日誌』は、あっさりと「**白旗の意味を教えた**」と記録しただけだが、栄左衛門は、戦端が開かれた場合に「**白旗を建て参りくれ候わば、鉄砲を打ち掛け申すまじき段の存念**」と白旗の意味を正確に理解したことが分かる。

六月七日、ウィリアムズ「船上対話書」

次に六月七日（ウィリアムズ日誌・西暦七月一二日）の「船上対話書」を読んで見よう。ウィリアムズの筆によれば、午前一〇時ごろ始まった書簡受取りをめぐる応酬は三時間に及んだ。香山は二人の通訳を伴って船上にやってきて、「日時はいえないが、書簡は受け取ることになろう」と見通しを伝える。ウィリアムズはもう、香山連栄左衛門永孝の与力という職掌まで聞き出している。

ウィリアムズは心に予期していたので驚かなかったが、栄左衛門のいう受取りが「写し」ではなく、「国書の原物」を指すことを知って予想外の展開を感じる。ウィリアムズは手渡しの段取りに時間のかかることは予想していたが、栄左衛門たち（江戸表）が検討していたのは、「受取りの可否」だけではなく、意外にも「国書を誰が受け取るか、その受取り人」なのであった。

ウィリアムズはまず「写し」を栄左衛門に手渡す段取りを考えていたが、栄左衛門は**「写し」の受取り**を拒否する。その理由を問う過程で、話は「写し」の段階を越えて、**「原物」の受取り**まで検討が進み、**受取り人を誰とするか**の検討まで江戸表では論議していることが分かった次第である。

ここに至るまでは、「長崎へ回れ」、「いやそれはできない」の押し問答に始まり、「受取りは浦賀としてもよいが、返書は長崎で」「いや浦賀で受け取ってもらう国書は、返書も浦賀に限る」といった応酬がウィリアムズと栄左衛門との間で交わされていたが、江戸表はすでにペリー側の強い意志を明確に理解していた。
①浦賀での受取り、②受取り人名（奉行）、③受取り会場・陣屋の設定まで検討を進めていることが、午前の対話で明らかになった。さらに夕刻四時からの対話では、「九日受取り儀式」の具体的な段取りまで協議が進展した。

ウィリアムズは、①国書原物と②その写し、そして③幕府の信任状をもつ受取り人に手渡すこと、④陸上での手渡しのため上陸する場合には、ペリーに適度の数の護衛部隊を伴うこと、などを求める。これに対して栄左衛門はこれらの条件をすべて受け入れるとともに、幕府側の条件を伝える。

それは、今回の受取りは①単なる「受取り」に限定した式であり、そこでは②会談を行わない、という方針である。その言外の意味は、国法に照らしてこのような授受は「本来許されない」ものではあるが、江戸湾深くまで侵入という脅迫等、諸般の状況に照らして特別な計らいとして受け取り、その場で「国書への受領書」を手渡す。このような扱い方法を逆提案したのであった。こうして、久里浜での手渡しという段取りが合意に達してしまうと、両者間は一気に緊張が解ける。

日本研究者としてのウィリアムズ

ペリー側から堀達之助に対して、腰の刀を見せてほしいと頼む。達之助が求めに応じて、抜いて見せると、刀の把手や鍔などの細工に見入る。刃渡りを確かめ、ついには大小二〇～三〇両と刀剣の「買い入れ価格」まで聞き出している。刀調べに満足すると、今度は栄左衛門たちがサスケハナ号の蒸気エンジンを見せてもらう番だ。エンジンの大きさや石炭を燃やす竈の大きさに一同は驚く。

栄左衛門は石炭を見て、日本の平戸にも、四国の阿波にも、大和などにも石炭は産出すると説明する。さらに大砲や小銃などサスケハナ号に備えた火器、武器も見せたが、栄左衛門たちを最も喜ばせたのは、銀版写真機であった。彼らは写真機のことは耳にしていたが、機械の現物を見るのは初体験だったからだ。

ウィリアムズの方は、このときに通訳の立石得十郎光定から、嘉永・弘化・天保といった「幕府の年号制度」を聞き出している。それを乾隆・嘉慶・道光など清国のケースと比べている。①公方（将軍）の年号が短いのは、将軍の権力が清国皇帝の権力よりも小さなためか、②幕府内で少数派になると解任されるのか、など自国の大統領選挙のイメージで、政権内部を推測し、そこから③鎖国政策の変更可能性を考えていることが読み取れる。きわめて優秀な情報収集能力だ。この辺りには日本政治の研究者としてのウィリアムズの横顔がくっきりと浮かび上がる。

ウィリアムズはまた栄左衛門の地位が「浦賀騎士長」であり、通訳の中島三郎助の所属が「浦賀騎隊」であることも聞き出している。ここではすでに栄左衛門の「与力としての身分」も十分に理解しているから、ウィリアムズ日本研究は長足の進歩である。こうして和暦六月七日朝と夕刻、二回の対話において、国書を届けるという一八五三年ペリー遠征の目的は基本的に達せられるメドがついたわけだ。

HE day appointed for the reception of a reply from Yedo (Tuesday, July 12) had now arrived. Accordingly, at about half past nine o'clock in the morning, three boats were seen to approach the steamer Susquehanna from the shores of Uraga. These were different from the usual government craft, and seemed, unlike the others, to be built after an European model; the rowers sat to their oars, and moved them as our boatmen do, though somewhat awkwardly, instead of standing and sculling at the sides, in accordance with the usual Japanese practice. The construction of the boats was evidently very strong, and their models fair. Their masts, sails, and rigging were of the ordinary Japanese

図　ハイネが描いた香山栄左衛門の姿。『ペリー遠征記』第１巻、第１３章。

六月七日「浦賀表米船対話書」（『幕末外交文書Ｉ』）

次に、このやりとりを幕府側記録によって跡づけて見よう。『幕末外交文書Ｉ』に［史料番号六二号］として収められた六月七日「浦賀表米船対話書」である。

この対話書には「朝のやりとり」は記録されていない。午後四時、「香山栄左衛門、通詞堀達之助、立石得十郎本船に相越し応接左の通り」と題した記録である。

・栄左衛門は、浦賀で国書を受け取ってよいとする「御指図」が江戸から、ペリー指定の時間の一日前に届いたので、それを報告した（「書翰の儀、江戸表へ相伺い候処、当地に於いて受け取るべき旨、御指図これあり候につき、左様相心得らるべく候」）。

・将官（ペリー）は、右の通り申し聞き、すなわち添書きを差し出す（「この節、持ち越し候書翰のほかに、添書きこれあり候間、右添書きはただいま相渡し候につき、早々江戸表へ相達し候らわん。書翰の事柄相分け、江戸表より高位の役人請取りの為出張これあるべく候間、即刻持ち帰り、申せらるべく候」）。

栄左衛門の報告を喜ぶかと思いきや、ペリー側は、新たな難題を持ち出した。「添書き」、す**なわち後に分析する「撫恤本」＝白旗書簡**の問題である。**しかもその「添書き」は、国書とは切り離して、即刻持ち帰れという。**当惑した栄左衛門は不満を述べる。

・栄左衛門は、せっかく「国書」受取りの段取りの協議が整ったばかりなのに、その前に「添書き」なるものを事前に江戸表に届けよと頼まれても困る。なぜ国書と一緒ではまずいのか、と問い質す（「その儀に候わば、最初よりこれを申し出るべき処、今に至りて右様の儀申し立て候は不都合につき、書翰受取の節、右添書き一同相渡し候手続きに相成りたく候」）。

・将官はこの「添書き」は前もって先に読んでおいてもらわないと「事柄の前後」があべこべになるからだと主張するが、この説明はまるで説得力を欠いている（「この添書きは、**前広に差出し申さずしては、**事柄前後に相成り、**甚だ不都合**につき、是非ただいま相渡し候様致したく候」）。

・**江戸表が国書についてようやく受取りの指図を出してくれたところなのに、国書の前に読んでほしい添書きとは、いかなる意味か。いまさら、添書きを先に届けろと言われても受け取れない、と栄左衛門は強く断る**（「ただいま受取り持ち帰り候にて然るべく候えば、このまま受取り帰らるべく候えども、右様前広に差出し候にては、不都合の訳に候えば、過日江戸表へ申し立て候以前に差出され候はずの処、その節に何の説もこれなく、ただ今既に江戸表より受取りの主任相越し候に至り、更にその書を江戸へ差送り申すべしとは、実に不都合にはこれなきか」）。

「この時、ことのほか、相困り候の体にて、しばらく無言にて、いずれたるか相考え候体に相見ゆ」（強調引用者）と対話書はト書きで説明している。

ペリー側のホンネ

ここにペリー側の「タテマエとホンネの矛盾」が集約されている。つまり、タテマエとしては、ペリーの任務は、（恫喝を含まない）フィルモア国書を届けて、返事を待つことだ。

だが、それだけでは、幕府が国書を受け取るか否か、単に受け取るだけで、返書を書かない、返書を無視する事態も予想しうる。

そのような場合を想定して、ペリーは「万一色好い返事がなければ、戦争になり、幕府が敗れるだろう。その時には白旗を差し出せば攻撃は止める」と、**脅迫の意志を非公式に伝えたいのだ。**この脅迫は、「幕府は返書せず」という決定を行った後では手遅れなのだ。**「ことのほか、相困り候の体」**とは、まさにペリーやウィリアムズの困惑が目に見えるようではないか。さてしばらく考えた後、

・将官曰く「右様、ただいま受取り兼ね候儀に候えば、書翰一同相渡し候様致すべく候」。

（是は自分［ブキャナン、実はウィリアムズ］の添書きにして、実は書翰一同相渡すべき書にこれなく、「全く最前差出し落とし」と相見え候）。

この節は読みが肝心だ。

これは、ブキャナン艦長あるいはウィリアムズ通訳の「添書き」にすぎないものであるから、国書とともに渡すべき性質のものではない。このように、国書と添え書きとは、「格が違う」ことが一つ。

それゆえ、国書差出のときに、添書きを忘れたものかと、「忘れた理由」については、栄左衛門は好意的にまず解釈した。

ところが、そのような「格下の添書き」にもかかわらず、他方で「国書と信任状」に**先立って開いてほしい**と、「添書き＝ペリー書簡」に注意を喚起しているのは何を意味するか。

つまりは、「添書き」のほうが**国書よりも大事**なのだ。そこを読み違えないように、と栄左衛門に念を押した。これこそがまさに「**ペリーのホンネ**」なのだ。

白旗書簡＝撫恤本の取り扱い

双方当惑ののち、次にペリー側は受取り役人の地位等を尋ねる。受取り人は「ペリーと同格の地位の者」でなければ困る。高位の者が浦賀まで来ないのであれば、ペリーが江戸表まで行くほかない、と再度クギを刺した（「受取りの役人は、如何様の官職の人にこれあり候か。首将〔ペリーを指す〕に於いては至りて高位の者につき、日本にても同位の役人に相渡し申したく、もし高位の人にこれなく候えば、江戸表に於いて、高官の役人へ相渡し申すべく候」）。

・栄左衛門が答える。「提督と同等の官」に江戸表から来てもらう手筈だ。場所は久里浜に陣屋を設ける（「請取りの役人は、アドミラル〔提督〕と同様の官に当たり、専ら政務を司る高位の人に相違これなし。その儀は決して疑心これあるまじく候」。「かつ右の書翰、受取り応接の場所となすは、この近傍久里浜と申す海浜に陣屋を設け、その処に於いて受取り候はずにつき、将官にも上陸これあり、応接の上相渡さるべく候」）。

・将官が問う、「久里浜と申すは、浦賀と距離いかほど離れおり候か」

・栄左衛門が答える、「久里浜は浦賀御番所より西北の方へ、距離一里ほど相隔たり候」（このとき、達之助、日本の一里は英国の里数何程に相成りと申す儀を弁説いたす）。

こうして「七日夕刻の対話」は、「九日の久里浜国書捧呈の**段取り**」を協議したものとして重要なばかりでなく、「ペリーの第一書翰＝添書き」の末尾部分、すなわち**白旗書簡＝撫恤本の扱いを決めた**点に、より重要な意味を読み取ることができよう。

ここでいう「添書き」とは、直接的には、ペリー第一書簡を指す。と同時にその結論部分を誤解のないように要約した「ウィリアムズの通訳メモ」、すなわち著者のいう**白旗文書＝撫恤本**を含むと解すべきである。ブキャナン＝ウィリアムズは、六月七日夕刻の対話で、結局は事前にではなく、添書きを国書と同時に渡すほかないことで合意した。

九日、無言の捧呈劇

この約束に基づいて、後述するように二日後の六月九日に、久里浜に臨時に設けられた陣屋で①国書および信任状と②「添書つき白旗二枚」の捧呈セレモニー[6]が行なわれた。

ペリーは『日本遠征記』に、こう記している。

「この会見の時に、ワシントンで調製された見事な**二つの文函**に納めた大統領の親書原文と、提督の信任状とを奉行に見せた。奉行は明らかに、その優美な細工振りと金のかかっていることにいたく感動していた。」[7]（強調引用者）

ペリーの記述では、二つの箱にそれぞれ親書と信任状を入れたことになっているが、この記述は明らかにおかしい。というのは、二日前の船上対話で、あれほど強く「**前広に読んでほしい**」と強調していた「添書き」のことが一言も触れられていない。

さらに親書原文のほかに、蘭語訳、漢語訳も用意されていたはずなのに、言及は一切ない。**白旗現物と、いわゆる白旗書簡**にも一切触れていない。

要するに、**ペリーの記述は、六月五日および七日の船上対話記録と合わない**。ここではペリーの記述はあまりにも簡単すぎる。ここで大方の日本史家たちは、安易にもペリーの『日本遠征記』に頼りきり、二回の**船上対話記録を軽視**して、真相から遠ざかったのだ。

西暦	和暦	出来事
1853年	嘉永6年	米使節ペリー、浦賀に来る。
7月9日	6月4日	旗艦サスケハナ号の船上でビュカナンが香山らと対話。「浦賀表米船対話書6月4日」
7月11日	6月6日	未明に測量開始。近藤がアダムスに抗議する。
7月12日	6月7日	昼までに返事がなければ、江戸表へまかり越す、と恫喝。
7月12日	6月7日	江戸表から御指図が届く。
7月12日	6月7日	香山はビュカナンらと夕刻、船上対話。「浦賀表米船対話書6月7日」
7月14日	6月9日	久里浜にて、国書捧呈式。香山上申書、立石覚書、「久里浜応接次第覚書」

日米最初の応酬

ペリー『遠征記』の行間を読むならば、ここから逆に、**国書捧呈の前に読ませてゼロ回答を避けさせるという「恫喝が成功したこと」**、幕府側が「脅迫の意図」を「正確に受け止め」「国書への返書を約束した」ことで、ペリーがフィルモア大統領から与えられた任務は、基本的に達成したこと、これに安堵したペリーの横顔を読み取るべきだ。

ペリーは、六月四日の船上対話において、「乗船者を三名に限定して成功した自慢話」を得々と記しているが、これは一八四六年に浦賀に来たJ・ビッドル提督が無数の番船に包囲されて任務を果たせなかった失敗[8]を教訓としたものである。

しかし、白旗や書簡の存在については、ペリーは**事実隠蔽に徹した**。そのウラを見抜けないようでは、歴史家たちの史料解読能力が疑われる。

（2）ペリーの本懐

アメリカ側の弱みと交渉の限界

日本に対して開国を迫るために、フィルモア大統領がペリーに与えた国書はどのようなものか。ペリーに与えた権限はどれほどか。それを遂行するに十分な輸送力・軍事力をペリー艦隊は与えられていたか。これら日米彼我の交渉条件をつぶさに検討すると、ペリー提督[9]としては、軍事力による恫喝の前に知力を尽くし、駆け引きを図るほかなかったのが真相であった。

黒船四隻[10]という武力の誇示は明白な形だから、誰でもその威力を認識できる。とはいえ、幕府は単に恫喝に屈したものではあるまい。石炭や水、食糧等の補給困難を考えれば、ペリーの側にも大きな弱みがあることを幕府が知らないはずはない。

こうして幕府は、要所々々でこれまでの「国法堅持」というスジを通しながら、やむなく「フィルモア国書」を受け入れる形を演出することに腐心した。その一例が「無言のセレモニー」として演出した久里浜における国書授受であり、あくまでも例外措置であることを内外に示すためにこの形が用いられた。

商船モリソン号による非武装交渉[11]は、交渉以前の段階で異国船打払令により、打払いされたのに対し、ペリー小艦隊は久里浜では国書を受理させ、翌年の返答を約束させるところまで交涉を進めることができた。

しかし、翌一八五四年に結ばれた日米和親条約に結実した成果は、ペリーの予期したものと比べれば、なお限界の目立つものであった。幕府との交渉はそれほどに困難なものであったことが、この事実からも理解できよう。

そこで知恵袋としてペリーを助けたのが、中国通ウィリアムズ（漢字名＝衛三畏）にほかならない。この虚々実々の駆け引きの過程で、通訳というよりは、モデレーターとして（第4章参照）、あえて誇張すれば「軍師」にも近い役割を演じたのがサミュエル・ウィリアムズなのだ。ペリーの遠征は全体として「説得と恫喝」とを併せ持つ交渉劇であったが、その過程で生まれた落とし子こそが、いわゆる白旗文書にほかならない。

ペリーの本懐

まず日米間で白旗問題はどのように話し合われたのか。日本側記録によれば、すでに触れた史料一一九号「ペリー書翰我政府へ白旗差出の件」が最も重要である（本書巻末に史料として収めた）。

松本はこの文書を書写した高麗環について、「外国奉行所と幕閣のあいだを往き来する下級役人」と解説した。[12] 史料一九号には「七月一七日付（すなわち国書受領三日後）報告書」など詳細な記録や「アメリカからの贈物」や「アメリカ人への贈物」リストなど現場レベルでの贈答等の記録も含まれていることからして、『高麗環雑記』に収められた一連の史料の重要性は明らかである。問題は個々の史料の「読み方」であろう。

たとえば史料一九号「聞書・其二」には、国書と白旗の手渡しを無事に終えたペリー艦隊の出帆のことが次のように記されている。「ご覧の通り、和交の白旗船に出し置き申し候間、必ずご心配これなきよう、かつ明朝四時（彼国の四時、今朝六時）出帆致し候旨、最早浦賀へ船留め申さず、ここより出帆致し候旨申し聞き候（この節の儀、ほかにカ条これあり候えどもしたためず）」。

ここで明らかなのはペリーの旗艦もまた「和交の白旗」を掲げて去って行ったことだが、ここから「白旗は和交」の象徴とだけ読むのは、致命的ミスを犯すことになる。

蘭船本と撫恤本の比較

「史料一一九　白旗差出の件」、いわゆる白旗書簡には、二種類のバージョンの存在することは、かねて知られているが、両者の違いの意味するものを十分に検討したものは、ほとんど見当たらないようだ[13]。

ここで両者をそれぞれ「蘭船本」、「撫恤本」と名付けて対照して見よう。

最も流布した説、「史料一一九」[14]前半分に登場する白旗書簡を、筆者は「蘭船本」と呼ぶ。これは、以下のような内容のものだ。

先年以来、各国より通商の願いこれあり候ところ、［幕府は］国法をもって違背に及ぶ。元より［幕府の］天理に背くの至罪、莫大なり。されば**蘭船より申し達し候の通り**、諸方の通商是非に希うにあらず。不承知に候わば、干戈をもって天理に背くの罪を糺し候につき、其方［幕府］も国法を立てて防戦致すべし。左候わば、防戦の時に臨み、必勝は我等［ペリー側］にこれあり。其方［幕府］敵対成り兼ね申すべし。若し其節に至り［幕府が］和睦を乞いたくば、この度［米国が］贈り候ところの白旗を押し立つべし。さればこの方［ペリー側］の砲を止め、艦を退いて和睦致すべし、と云々。

一一九　六月九日（？）米國使節ペリー書翰　我政府へ白旗差出の件

○町奉行書類ニハ、初メニ「亞美利加極内密書寫」ト題ス、高麗環雜記ニハ、初メニ「北亞墨利加ゟ差越候書翰九通之内、此壹通ハ、諸大名御請本ニ至る迄、披見御免無之書面和解」ト題シ、末ニ「右ハ御小性久留氏日記ニ有之候を極密寫取候事」ト附記ス、

先年以來各國ゟ通商之願有之候所、國法を以違背ニ及ふ、元ゟ天理ニ背くの至罪莫大なり、然ル蘭船ゟ申達候通り、諸方の通商是非ニ希ふ非も、不承知ニ候ハヽ、干戈を以天理ニ背くの罪を糺し候ニ付、其方も國法を立て防戰いたすへし、左候ハヽ防戰の時ニ臨ミ、必勝ハ我等ニ有之、其方敵對成兼可申、若其節ニ至り和睦を乞度ハ、此度贈り置候所之白旗を押立へし、然ル此方の炮を止メ艦を退テ和睦いたすへし、ト云々、○高麗環雜記ニハ、末文「艦を退ケ和議可致旨申越旨之和解ニ有之」トアリ、

（町奉行書類所收外國事件書　高麗環雜記）

「史料一一九　白旗差出の件」（蘭船本）

筆者が「撫恤本」と呼ぶのは、「蘭船本」につづく注記「嘉永癸丑〔一八五三〕浦賀一件数条に左の一文を載す。参考のため、茲に収む」[15]に、活字のポイントを落として書かれている別バージョンの白旗書簡のことである。

○嘉永癸丑浦賀一件數條ニ左ノ一文ヲ載ス、參考ノ爲メ茲ニ收ム、
一亞墨利加國より贈來ル箱の中ニ、書翰一通、白旗二流、外ニ左之通短文一
通、
皇朝古體文辭　一通　前田夏蔭讀之
漢文　一通　前田肥前守讀之
唊咭唎文字　一通　不分明
右各章句の子細は、先年以來、彼國より通商願有之候處、國法之趣ニて
違背ニ及、殊ニ漂流等之族〻、自國之民といへ共、撫卹せさる事天理ニ
背き、至罪莫大ニ候、依ゐて通商是非々々希ふニおゐても、不承知に候ゐ
し、此度ハ時宜ニ寄、干戈を以て、天理ニ背きし罪を糺へ、其時〻、又國法
を以て、防戰致さるよ、必勝ハ我ニあり、敵對兼可申歟、其節ニ至て、和降
願度候ハヽ、予ゟ贈る所の白旗を押立示そゐし、即時ニ炮を止め艦を
退く、此方の趣意如此、

「史料一一九　白旗差出の件」（撫恤本）

亜墨利加より贈り来る箱の中に、書翰一通、白旗二流、ほかに左の通り短文一通。

皇朝古体文辞　一通、前田夏蔭これを読む。

漢文一通、前田肥前守これを読む。

イギリス文字一通、不分明。

右各章句の仔細は、先年以来、彼国より通商願いこれあり候処、国法の趣にて違背に及ぶ。ことに漂流等の族ともがらを自国の民といえども［にもかかわらず］、撫恤せざる事、天理に背き、至罪莫大に候。よって［アメリカは］通商ぜひぜひ希うにあらず。不承知に候べしや、このたびは時宜により、干戈をもって天理に背きし罪を糺す。その時にまた国法をもって防戦致されよ。必勝はわれにあり。敵対兼ね申すべきか。その節に至りて、和睦［和降］願いたく候わば、予あらかじめ贈るところの白旗を押し立て示すべし。即時に砲撃を止め、艦を退く。此方の趣意はかくのごとし

蘭船本と撫恤本とを比較すると、両者に共通する文言は、
（1）アメリカの目的は**通商ではない**。
（2）**天理に背いた罪**は干戈をもって糺す。
（3）和睦を望む際には、**白旗を押し立て**示せ、

の三カ条である。

・撫恤本にのみあり、蘭船本にないのは、「自国の漂流民を撫恤（あわれみいつくしむ、の意）しないのは、天理に背く」の一句である。

・蘭船本にのみあり、撫恤本にないのは、「されば蘭船より申し達し候の通り」の一句である。この一句をペリー側が語ることはあり得ない。したがって、この蘭船本の一句は事後に説明のために挿入されたと見るべきである。

両者を比較すると、蘭船本よりは撫恤本の文意がより鮮明であり、論理的だ。蘭船本は「通商をしないことは天理に背く至罪」と主張しながら、「通商をぜひに、と願うものではない」と、まるで矛盾している。これに対して撫恤本が「天理に背く」と糾弾しているのは、「通商をしないこと」ではなく、「自国の漂流民を撫恤しない」ことだ。

蘭船本、矛盾撞着の理由

なぜ蘭船本にこのような矛盾撞着が書かれたのか。幕府側は、長崎のオランダ商館から届いた情報もあり、ペリー艦隊の目的は開港要求に違いないと信じ込んでいるのに対して、通訳ウィリアムズは、「幕府の海禁国法は承知している」と語る。[16]

ここに両者の駆け引きが秘められているのだ。幕府側としては開港を要求して長崎を避けて浦賀に来航したはずの艦隊が「日本の国法は承知、問題は漂流民の救恤だ」、という主張に接して当惑している。ウィリアムズが「漂流民の救恤」というテーマを設定したことの意味を理解しかねている。

撫恤本では「天理に背く」と糾弾しているのは、「通商をしないこと」ではなく、「自国の漂流民を撫恤しない」ことだ。撫恤本にこそペリー側、あるいはこの文書の筆者ウィリアムズの作戦が込められていることは現代のわれわれには明らかだが、幕末当時、このような「人権思想」はどこまで理解しうるものであったか。

「蘭船本」ではウィリアムズが最も強調したかった「漂流民の受取り」に係わる記述が落ちており、しかも「蘭船より申し達し候の通り」とあることから、「撫恤本の変種」であると推定してよい。

ウィリアムズ自身は、一六年前の事件、すなわち砲台を外したモリソン号が攘夷令でいきなり打払いされた教訓をかみしめていた。そして攘夷令という国法をいちおう尊重しつつ、「自国漂流民の撫恤」という新たな論点を提起して対話の契機を作ろうとしていた。

両者の語彙と論理の比較から、**撫恤本にこそペリー側の真意、あるいはこの文書の筆者ウィリアムズの強い主張、あるいは交渉上の作戦が現れていることが分かる。**

（3）白旗受取り

二つの箱

フィルモア国書および白旗受取りに話を進めるが、興味深いのは、史料一二一号「六月九日〔西暦七月一四日〕久里浜応接次第覚書」である。筆者は明記されていないが、①久里浜出張の役人氏名、②上陸した米国人の氏名、③役人の着衣、④国書を入れたる箱、などを実に具体的に記録している。

これによると④国書を入れた箱は「縦一尺五寸、横一尺三寸、青漆塗り、四方の縁は黒漆塗り」のものが一つ。もう一つは「幅一尺、厚さ八寸ほどにて、横文字をもって記し候、都合二箱」と記されている。史料の原典拠は「続通信全覧類輯」である。

察するに、前者の箱がフィルモア国書およびペリーの信任状であり、後者こそが「白旗二流」および「ペリー書簡」を入れた箱と推測してよいのではないか。周到なペリーは、フィルモア国書を収めた正規の箱のほかに、もう一つ、「白旗を収めるための箱」をあらかじめ用意していたのだ。

国書等を収めた箱が二箱であった事実は、史料一二一号の「応接次第」のほか、史料一七号所収の「香山栄左衛門の聞書き」にも「国王の書翰二箱いずれも板三重にてねじ鋲にて留める」と記されている。[17]

P・B・ウィリーのノンフィクション『神の国のヤンキーたち[18]』の記述を見ると、「種々の書簡を収めた緋色の布で覆われた、二つの紫檀の箱」「箱は金の蝶番で止められていた[19]」と書かれている。箱の大きさについては、縦六インチ横三インチの固い金色の箱[20]と記している。[21]ウィリアムズの書簡に基づく『生涯と書簡』では「二つの綺麗な箱[22]」と書かれている。

近年の論争のなかで、「箱が二つ捧呈された」ことに着目した論者が見当たらないのは、きわめて不可解である。私が気づいた二つの史料はいずれも『幕末外国関係文書I』に収められており、論者たちがこれらの史料の前後のものは、繰り返し引用しているにもかかわらず、最も肝心の史料は無視されているのだ。甚だ理解に苦しむ。

白旗捧呈の日時

さてこの白旗捧呈の一件が砲艦外交の象徴であり、フィルモア国書の精神を逸脱したものであったこと、それゆえ公式の『ペリー遠征報告書』ではボカされていることは、明治以来一部の識者たち、戦後は松本健一たちが示唆してきた通りである（第5章参照）。

第4章で詳述する歴史学者の朝河貫一が、ペリーたちが最初に船上で栄左衛門たちと交渉をした日、**六月四日**［西暦七月九日］に口頭で白旗の意を伝えられた、と解しているのは、おそらく通訳サミュエル・ウィリアムズの日誌には次のように記されていることを踏まえたものだ。

同日、西暦七月九日〔和暦六月四日〕の条には、次のように書かれている。[23]

・ウィリアムズは、「白旗というものの意味」を明確に告げた、と記した。「明確に（cleary）」の含意は特に説明されていないが、一六年前のモリソン号がわざわざ砲台を外して来航したにもかかわらず、幕府側から突然の砲撃を受けた教訓に鑑みて、「白旗の使い方」を確認したものと読める。[24]

・朝、白旗が揚げられる前は訪問不可であることも告げられた。

ここでウィリアムズは、「白旗の意味」は、幕府役人に対して明確に告げられた、と書いているが、具体的には「誰から誰へ」の説明か。「ビュカナン船長から与力香山栄左衛門と通詞堀達之助と同立石得十郎に対して」であったことを明記しているのは、史料二〇号「六月四日浦賀表米船対話書」である。

これは四日早朝に香山栄左衛門、通詞堀達之助、同立石得十郎の三名が旗艦サスケハナ号に乗り込み、ビュカナン、アダムス、コンチーと「国書の受取り方法」について話し合った時の記録だ。

六月四日に口頭で、九日（ごろ）に書簡の現物と白旗二枚

朝河貫一の分析によれば、「（嘉永六年）六月四日にまず口頭で」伝えられ、「九日（ごろ）に書簡の現物と白旗二枚が届けられた」と解するのが日付問題への正解である。

朝河が、実際の手交を四日ではなく九日としたのは、九日付で「白旗差出しの件」が記録されていることに基づく。そして『幕末外国関係文書Ⅰ』を編集した史官が「九日」という差出「日付」について疑問符を付したのは、むろんそれ以前に、文書の内容・趣旨が分かっていたことを示す「六月四日栄左衛門とビュカナン艦長（中佐）の対話書」（二〇号、本書末尾に掲げた）等の史料を意識してのことに違いない。

朝河はそこを読み取って「およそ五日後に」差し出しか、と日付に「およそ（about）」をつけている。つまり、朝河は「六月九日という日付」を疑う原史料編者の意図を尊重し、「九日か」の意味で「about」を付したわけだ。この「疑問符」について、史料自体への疑いを示すものと曲解するのは論外である。「日付」に対する疑問と、「史料自体」に対する疑問は峻別すべきである。

定められた期限

さて、六月四日に香山が国法に基づき、「黒船は長崎へ赴くべしと諭」したのに対し、「将官（ビュカナン）」は「直ちに江戸へ行かん」と揚言した。香山が貴意は江戸表に伝達するつもり

だが、「江戸への往復だけで四日かかり、評議のために幾日かかるかは分からない」と説明したのに対して、「将官」は、「今日から四日昼まで待つ」と期限を通告した。

その上で、「将官」はこう付加した。「四日目の昼過ぎまで相待ち、ご返答これなき候わば、今は致し方もこれなく、江戸表へまかり越し候えども、またいかようとも、存念通り取り計らい申すべく候。もっともその節に至りて、事平（ことたいらぐ）の用向きこれあり候わば、白旗を掲げ参るべく申し候[25]」。

六月八日昼までに国書受取りについての返事がなければ、「江戸へ直行するなり、他の方法も含めて勝手にやる」と脅迫したわけだ。そのような「場面に直面して、改めて話合いを求める際には、白旗を掲げて交渉に来られよ」と伝えたのであった。作戦としては、一方で露骨な砲艦外交を行う。すなわち砲艦の着弾距離と、幕府側砲台の着弾距離差を慎重に計算しつつ、自らを安全距離内に停泊し、威嚇を続け、海深調査を試みたりした。

幕府側には鎖国令や異国船打払令があり、長崎の出島以外の地では一切の交渉を拒否する拒否回答もペリー側はあらかじめ想定に含めていた。そのように頑固な幕府をいかなる手段で交渉の窓口に引き出すか。「漂流漁民の引き取り」という人道上の理由ならば、幕府の国禁のもとでも許されてしかるべきではないか——これがペリー側の「情理を備えた」作戦計画にほかならない。

江戸表からの「御指図」

期限つきで国書の受領を強要された浦賀奉行所の当惑が青天の霹靂であったことはよく知られていよう。「漂流漁民の引き取り」という材料を糸口にして接近し、「フィルモア大統領の国書」（開港提案）を幕府に届けることがペリー艦隊の狙いであることは、数回の応酬を経て、明らかになる。

浦賀の奉行たちは、一つ一つ、ペリー側の主張をそのまま「江戸表」（幕府の老中）に伝えた。与力近藤良次が夜を徹して江戸へ連絡したところ、ペリーが設定した回答期限前日の六月七日、江戸表から「御指図」があった。幕府は、外国との応接は「出島に限る」という決まりの例外措置として、「浦賀における大統領国書の受取り」を決定したのだ。

そこでこの指図に基づいて、香山は通詞堀、立石を連れて再度ビュカナン、アダムス、コンチーと船上で会見し、国書受領の段取りを協議した。その記録が史料六二号「六月七日浦賀表米船対話書」である。

米国側としては、国書の受領はａ「高官之役人」に限ること、ｂその役人は「帝（みかど）の印書（信任状）」を持参すべきこと、ｃその印書の文意にはオランダ語の訳文を付すこと、などの条件をつけた。

これに対して国書受領の責任者戸田伊豆守は、受領式の場所は「久里浜とする」こと、ただし当地は「本来外国人応接の場所ではない」ので、「国書受領式は、双方とも無言とすること」、すなわちここでは交渉は一切行わず、単に受領だけに限定することで協議が整った。「出島以外では、外国との応接は行わない」という禁令との矛盾を避けるために、ここで浦賀奉行たちが考えた妙案とは、「無言劇」という演出であった。

今回に限り異例の措置として、①出島ではなく、浦賀において、②米国大統領親書を受け取るものとするが、これは便法にすぎない。それゆえ、当地での交渉は一切ありえない。単に親書の授受にすぎないことを明示するために案出されたのが「無言劇」というスタイルなのであった。

無言の国書捧呈式について、一言補足しておく。無言とは、一言も発言しない、の意ではない。実際、両者は一言ずつ発言している。すなわち、「使節ペルリ――日本国帝(みかど)の御前にて開封これありたく候」という発言に対して、「伊豆守――承知致し候」と応答している。無言とあえて強調したのは、「交渉は一切行わない」ことを確認するためである。この捧呈セレモニーも、「海禁の国法」に背くものではないと解釈するカタチを印象づけるための表現にほかならない。

「無言の授受」は、浦賀奉行戸田伊豆守の意を体した与力香山の主張である。香山はさらに「受領した国書への返書は長崎で渡したい」と提案したが、ペリー側はこれを一蹴して、「浦賀で捧呈するからには、浦賀で受領するのが当然」と譲らなかった。また返書の受領はできれば三カ月内に、「たとえ延びたとしても五、六カ月後には返事を受取るべく再度渡来する」と予告した。この予告も脅迫の一環とみてよい。[26]

六月九日、国書捧呈の儀式

このような事前の協議に基づいて、六月九日ペリー一行は久里浜に上陸して国書捧呈の儀式が行われた。その模様は

（１）史料一五号「香山栄左衛門上申書、老中宛て」、
（２）史料一八号「六月オランダ通詞立石得十郎覚書」および
（３）史料一二一号「六月九日久里浜応接次第覚書」に詳しい。[27]

これら三者のうち（３）史料一二一号には、すでに触れたように、①出張の役人名、②上陸した米国人名、③幕府役人の着衣、④国書を入れたる箱などが記されており、箱数は「都合二箱」であったことが明記されている。[28]

これら二つの箱には、ａフィルモア親書と、ｂフィルモアおよび国務長官が連署したペリーの信任状、ｃペリーの七月七日付け書簡、[29] ｄペリーの七月一二日付書簡、[30] ｅペリーの七月一四日付け書簡、[31] 以上五通について、英語原文に添えて、オランダ語訳、漢文訳が付され、都合一五通の書簡が捧呈されたことは、ペリーの『日本国遠征日誌』でも幕府側記録によっても確認されている。

ここで争点は、白旗書簡の存在が記された「蘭船本」、「撫恤本」の真偽問題である。その検

討のためには、七月一二日付の「ペリー第一書簡」を綿密に読む必要がある。

（4）ペリー第一書簡の建前と本音――和約か兵端か

ペリー第一書簡の原文と翻訳

浦賀沖に姿を現す前夜（和暦六月二日）にペリーが旗艦サスケハナ号にて書き、西暦七月七日（和暦六月二日）付けの署名を付して九日に久里浜で国書とともに捧呈した「ペリー第一書簡」の末尾には以下のように書かれている。

この箇所の誤読がトラブルの発端であるから、あえて英原文を抜き書きする。

① Many of the large ships-of-war destined to visit Japan have not yet arrived in these seas, though they are hourly expected; and the undersigned, as an evidence of his friendly intentions, has brought but four of the smaller ones, designing, should it become necessary, to return to Yedo in the ensuing spring with a much larger force.

② But it is expected that the government of your imperial majesty will render such return unnecessary, by acceding at once to the very reasonable and pacific overtures contained in the President's letter, and which will be further explained by the undersigned on the first fitting occasion.[32]

この箇所を近年の『ペリー日本遠征記』の訳本[33]（加藤祐三監訳）は次のように誤訳している。

①日本を訪問するために派遣された多くの大艦は、まだこの海域に到着したことはありません。しかし、それは常に予期されているのです。本書状の署名者は友好的な意図を証明するため、比較的小さな四隻の軍艦のみを率いてきましたが、必要とあれば、来春にははるかに大きな艦隊を率いて、江戸に帰航するつもりです。

②しかし、大統領の親書に記載され、本書状の署名者が近く適当な機会にさらに説明することになる、非常に合理的かつ平和的な申し入れを陛下の政府がただちに受けいれることにより、このような帰航を不必要にすることを期待しています。[34]

これはまあ、何たるふやけた翻訳か。およそ脅迫状の匂いから遠い。浦賀の奉行所が実際に受け取った書簡の「漢文本書」は、この文体とは似て非なるものだ。

ペリーから届いた第一書簡「漢文本書」の該当個所は、次の通りである。なおこれを書いたのはウィリアムズである。

①順此誠寔立定和約、則両国免起衅端、故先坐領四小船、来近貴京、而達知其和意、本国尚有数号大師船、特命馳来、未到日、盼陛下允準。
②如若不和、来年大幇兵船必要馳来、現望、大皇帝議定各条約之後、別無緊要事務、大師船亦不来。[35]

上記の「漢文本書」は、幕府側によって「漢文和解(わげ)」された。「漢文和解」は、次のように訳してある。

①この理に従い、真実に和約を取極め候えば、両国兵端を引き起し候ことこれなきと存じ候「和約が成れば、戦争は避けられる」。これに依りて、四艘の小船を率い、御府内近海に渡来致し、和約の趣意御達し申し候。本国このほかに数艘の大軍船これあり候間、早速渡来いたすべく候間、右着船これなき以前に、陛下御許容下され候様仕りたく候「本国の大軍船の到着以前に決断すれば、平和が保たれ、決断がなければ戦争になる」。
②もし和約の儀御承知なくござ候わば、来年大軍船を取り揃え、早速渡来いたすべく候「万一、和約が成らない場合は、明年大軍船で再度渡来し、**成行きでは、戦争になる**」。右につき、ただいま大皇帝の御評議相願い申し候。御承知下され候いて、右条約取極め候えば、ほかに大切の用事これなく、大軍船渡来いたさず候「和約が成れば、大軍船の派遣は取りやめる」。かつまたわが

国主［大統領］和約規定の書翰持参いたし候。[36]

もう一つ、ペリー側で用意したオランダ語訳を幕府側で訳した「蘭文和解（わげ）」は次のごとくである。

①日本へ存問せんがための大軍艦数隻、未だこの海に到着せず、某［ペリー］らいたずらにこれを待つのみ。某［ペリー］今いささかその友愛の情けを表せんがために、四小船をもって貴国に至れり。明春まさに事体に応じて［和約が成らない場合は］、尚数船を増加し、再び航し来るべし。しかりといえども、日本国帝殿下の政廷［におかれては］、願わくば、某［ペリー］が再び来るを待たず、伯理璽天徳（プレジデント）が書中に載せたる公平和好の策を採用あらんことを。

②ただし、その書中の本旨は、近日便宜を得るを待ちて、某［ペリー］まさに自ら詳しく悉くすべし。[37]

恫喝ニュアンスの欠如

ペリー第一書簡のこの部分は、加藤祐三監訳を読むと、気の弱い男が強盗役を演じさせられているイメージであり、まるで喜劇だ。

この滑稽きわまる訳文をペリー側で用意したａ中国語訳およびそれをｂ候文に訳したもの、

およびペリー側で用意したオランダ語訳に基づいてc候文に訳した文体と比べて見よう。前者はあたかも喜劇の脚本だが、後者a、b、cは明らかに脅迫状である。

加藤監訳は「友愛の情け」と訳されたfriendly intentionsのような外交辞令にすっかり騙されており、脅迫か懇願か、そのニュアンスがまるで分かっていない。

「和約を取極め候えば、両国兵端を引き起し候こと、これなきと存じ候」とは、「和約が成らない場合」は、「両国兵端を引き起し候」と和約を迫る文面である。「和約か、戦端を開くか」と二者択一を迫り、かつ返事の期限まで指定する話だから、砲艦外交そのものだ。

ちなみにフィルモア国書では、ペリーに対する訓令が次のような外交辞令で書かれている。大砲を備えた軍艦を派遣する以上、それ自体が軍事行動なのだが、「天皇の国土の平安を乱すこと」[38]をフィルモアは厳しく戒めていた。これが大統領の立場であった。

しかしながら国書の受領さえ拒否し、「用事があれば長崎へ願い出よとする国法」に従う浦賀奉行所の役人との応接がフィルモア親書の与えた枠内で可能であろうか。

そのような厳しい状況を予想しつつ、ペリーは浦賀入港の前夜に「第一書簡」を書いた。七月一四日〔嘉永六月九日〕に捧呈された七日付けペリー第一書簡〔嘉永六月二日〕の末尾にはペリーのホンネが現れている。

白旗問題の真相

すなわちフィルモア国書とその趣旨を説明した部分には、「平和的外交辞令」が連ねてあるが、末尾には「衣の下の鎧」が見え隠れしている。このホンネ部分と、史料一二〇号の「六月四日対話書」（第一節参照）および史料一一九号の「白旗差出しの件」（「撫恤本」）の異同を検討すると、白旗問題の真相が浮かび上がる。

「六月四日対話書」[39]には「事平の用向きこれあり候わば、白旗を掲げ参るべし」の文言がある。「白旗差出しの件」[40]における表現は「和睦を乞いたくば、白旗を押し立つべし」である。「事平の用向き」と「和睦を乞いたくば」は、一見、文脈が異なるように見えるが、国書の受領を拒否すれば、それが「兵端を引き起す」危険性を示唆するのであるから、これら二つの邦訳文献の内容は、**基本的に同一**と見てよい。

しかも、それはペリーの英文原文の精神に発するものだ。それゆえ、史料一一九号の「白旗差出しの件」と題された文面（「撫恤本」）は、「フィルモア親書の枠」を飛び出すとはいえ、いささかもペリーの一連の行動と矛盾する事実が見られない。すなわち「白旗差出し」に滲む内容は、浦賀に到着して以来のペリーの一貫した行動を裏付けるものと解してよい。「撫恤本」の文体について、一一九号注記では「皇朝古体文辞」と呼ぶが、その含意は、「カタカナ」文語調で書かれ、一部漢字を含む文書のことではないか（後述）。これはペリー第一書簡末尾の漢文訳、オランダ語訳のほかに存在するもう一つの文書、すなわち著者のいう「撫恤本」がカタカナ中心で表記されていたことを示唆するものと解する。

六月四日の重要性

白旗にかかわる交渉過程を跡づけると、最も重要な折衝は、六月四日〔西暦七月九日〕および六月七日〔西暦七月一二日〕のやりとりであることが分かる。

四日の現場にいたのは、与力香山栄左衛門と通詞堀達之助、同立石得十郎の三名である。七日の現場にいたのは、与力近藤良次と通詞[41]である。ここで改めて、史料一五号「香山栄左衛門上申書、老中宛て」から、その間の経緯を読み直してみよう。

六月四日早朝、通詞堀達之助と同立石得十郎を伴ってサスケハナ号に乗船したときの「形勢容易ならず」の雰囲気を香山はこう書いている。

「船中の形勢、人気の様子、非常の体を相備え候につき、とてもこのまま書翰御受取りこれなくては、平穏の取り計らい相成り兼ね候」。「当所〔浦賀〕にて御受取りに相成らず候わば、江戸表にまかり越し相渡すと申すべし」。「江戸表へ相伺い候えても、当所にて御受取りに相成らず候わば、〔ペリーは〕使命をあやまり候、恥辱雪ぐべきなし」。「されば浦賀において余儀なき場合に至る〔戦端を開くこと〕と申すべし」。「その節に至り候とも、用向きこれあり候わば、**白旗を建て参りくれ候わば、鉄砲を打ち掛け申すまじき段の存念、**申し聞き候。**相貌、**

将官はもちろん、一座に居合わせし異人一同、殺気面に相顕れ。」[42]（強調引用者）

六月四日は浦賀奉行所与力とビュカナンとの最初の折衝であったが、奉行所としては「国法により安易な受領はできない」という立場であり、ペリー側はその国法に風穴を空ける決意で交渉に臨んでいた。彼らは「受領か、鉄砲〔大砲〕か」と、「殺気を顔に露わにして」与力に迫った。まさにこの時、ウィリアムズは「カタカナ漢字混じり」のメモ（撫恤本）を示しつつ、来航の趣旨を説明したはずだ。

ウィリアムズの当日の日誌が示すように、栄左衛門たちは「フィルモア国書」にはいささかの敬意も表わさず、「四隻の軍艦で来航した理由」をしつこく問い質した。これに対してウィリアムズは「幕府の海禁の国法は承知している」、「国法に反する通商の目的ではない」と幕府の立場を尊重しつつ、にもかかわらず、「幕府が自国の漂流民の受取りを拒む行為」は「天理に背くもの」だと厳しく批判した。

これは、その一六年前（すなわち一八三七年）にわざわざ大砲を外したモリソン号に七名の日本人漂流民を載せて浦賀にやってきたとき、問答無用とばかり「打払令」により撃退された苦い体験をもつウィリアムズにとって、どうしても強調しておきたい論点であったことは、ウィリアムズ自身による随行日誌や、他の資料も加えて息子フレデリックが編集した『生涯と書簡』から明らかだ。

六月六日の折衝

ペリー側は堅い決意を伝えようとして、内海に黒船一艘を乗入れ、測量を開始する。六月六日未明のことだ。これに気づいて与力近藤良次が通訳を連れて抗議に赴いた。相手方アダムスの対応は「書簡ならば受け取るが、応接はせず」との返答であった。そこで近藤は船中に乗り込みアダムスと直接折衝した。

近藤は江戸への終夜の往来で疲労困憊していたが、アダムスに面会し、こう抗議した。「なぜ内海に乗り入れ候やと相糺し候ところ、右は書翰御受取りに相成らざる節は、内海に乗り入れ、騒動に及びし候ことゆえ、海底の浅深測量のため、差し遣わし候の趣申し聞き候[43]」と答えた。書簡を受け取らない場合は、江戸に近づき、「騒動に及ぶ」〔発砲を示唆する〕つもりであり、その必要上、海深を測量しなければならないのだと、弁明ではなくさらなる威嚇であった。

六月七日四つ時（午後一〇時）過ぎ、江戸表から「国書を受領してよい」との許可が届いた。そこで伊豆守が翌々九日に久里浜で受け取ることを決定し、それを旗艦に伝える。

ところが国書の受取りだけでは事は終わらない。今度は「国書への返書はいつもらえるか」、と黒船側が迫る。

「畢竟、手荒の申し分にて、**昨年中通達に及び置き候ことゆえ**、いまさら隙(ひまど)取り候の義は、これなきところ[44]、右のように手重に申し候わば、本願の主意相叶わざる事にこれあるべし。

速やかに一戦に及び勝敗相決す、と申すべし。[45] あるいは浦賀奉行には兼ねて申し越し候義、存ぜぬことと相見候間、江戸表にまかり越し、御老中方に御直談申すべし[46]などと、種々難題申し聞き候。[47]」（強調引用者）

六月四日から国書受領の協議が整う七日まで、浦賀奉行所がペリー側の恫喝を受けて戦々恐々としていた有り様は、以上詳しく見てきたように、現場の応接当事者によって細かく記録されている。

「撫恤本」とは何か

国書受領前後の経緯をこのように見てくると、白旗書簡問題の核心が明らかになる。すでに示唆したように、六月四日（西暦七月九日）の最初の折衝において、単に国書を届ける目的のために、四隻の軍艦で来航した真意はなにか、と理由を問い質す栄左衛門の追及に対して、ウィリアムズはモリソン号による「漂流民送還の失敗」を踏まえて、「自国漂流民の受取りを拒否する幕府の悪法は天理に背く」ことを説いた。

これは口頭により説明されたが、ウィリアムズの手許には「慣れない日本語を話すのに備えたメモ書き」が用意されていたであろう。**このメモ書きこそが「撫恤本」であるはずだ。**

（5）交渉の中味を担った漢文書面と「皇朝古体文辞」の文体

国書捧呈の図が示す蘭語の位置

この間、嘉永六年六月四日と六月七日に船上対話が行われ、以上見てきたような詳細な対話記録が残されている。一連の対話は米国側が英語でオランダ語通訳を通じて語りかけ、幕府側のオランダ語通詞堀達之助、立石得十郎を通じて、日本語に訳された。

その翻訳の構図を最もよく説明するのは、次の見取り図である。これは、六月九日の国書捧呈の記録に付された通詞立石得十郎の覚書に付された。

ペリー首将以下の米国側将官が書翰を差し出すが、受け取るのは、浦賀奉行・井戸石見守、戸田伊豆守である。ペリーの右隣に蘭語通訳ポーテメンが控え[48]、戸田伊豆守の（向かって）右隣に議事進行役の香山栄左衛門（取次ぎ与力）と蘭語通詞堀達之助が控えている。この国書捧呈図は、六月九日に行なわれた無言劇の最良の絵解きである。

この挿図が示すように、日米のやりとりは基本的に双方のオランダ語通訳を通じて行われた。この点についてウィリアムズは、あまり自信のない「自分の日本語能力」よりも、「幕府側蘭語通訳の蘭語能力」が優れていたことを記している[49]。これは割合、よく知られた事実である。

とはいえ、与力香山栄左衛門の言葉を通詞堀達之助が蘭語に通訳し、ポートマンが蘭語を英

国書捧呈図

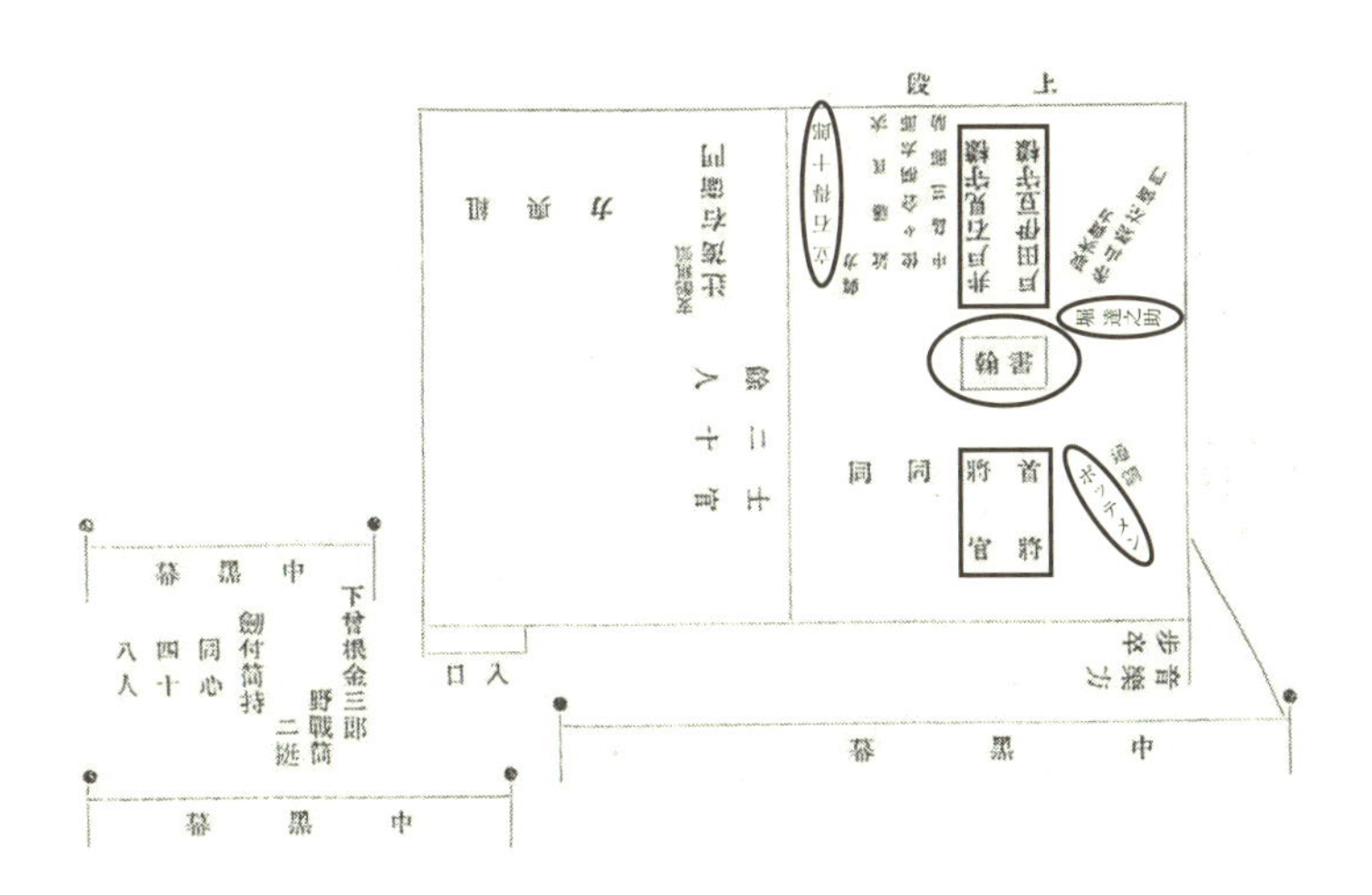

国書捧呈説明図

語に通訳するよりも前に、日本語の時点でウィリアムズは交渉のやりとりをほとんど理解していたことは、『随行日誌』の記述から明らかだ。[50]

しかしながら(第3章で後述するように)漂流民から口語を習っただけのウィリアムズには、栄左衛門の口調のように、「~にござ候」の文体で話すことはできなかった。ウィリアムズは「そのようなスタイルで話すには、かなりの訓練が必要だ」[51]と書いている。

筆談による補足

日米交渉の準備段階の「手順」等においては、蘭語が共通語となるが、中味の交渉、内容にわたるやりとりは、蘭語に加えて漢文の書面、すなわち筆談による補足が重要な役割を果たしたものと推測すべき根拠がある。

たとえばフィルモア国書の英文原文は、米国側によって船中で蘭語と漢語[52]に訳されていた。香山ら浦賀側は、蘭語文と漢語文とをそれぞれ「蘭語和解」「漢語和解」して、日本語としての意味を把握した。両者を比較すると、「蘭語和解」よりは、「漢語和解」のほうがはるかに意味を取りやすいのは、日本語がそもそも外来語の「漢語語彙」を数多く輸入し続けた結果である。

こうして、コローキュアル(口語の)・コミュニケーションにおいては、「蘭語が主役」であったが、内容的には、「書面漢語が中心」であったと推定してよい。

ここまで来れば、「皇朝古体文辞」と呼ばれる文書の謎まで一息だ。すなわち漢語訳文の要所々々に、カタカナのテニオハを挿入すれば漢文読み下しの「訓読文」になる。

書面漢語に得意で、しかも漢字まじりカタカナ文語調の文体を知っていたウィリアムズにとって、これはそれほど困難な書き方ではあるまい。なお、「皇朝古体文辞」をめぐる論争とウィリアムズの語学力については第5章で後述する。

おわりに

ペリー艦隊の到着から「白旗授受」までの流れを追う過程で明らかになったのは、以下の事実であろう。

(1) ノンバーバル・コミュニケーションとしての「黒船・白旗」

四隻の黒船小艦隊が幕末の日本を驚かせたことは、人口に膾炙した例の狂句「泰平の眠りを覚ます上喜撰、たった四杯で夜も眠れず」に明らかだ。そして黒船イメージのもう一つの形が「白旗」であり、その説明文書としての「撫恤本」であった。

日米間にいまだコミュニケーションのチャネルが開かれない時点で、最初の口頭による対話が共通言語「蘭語」で行われ、内容に関わる部分は「書面漢語」で行なわれた経緯はすでに説明した。

これらの言語によるコミュニケーションの補助手段として、黒船や白旗のイメージが効果を発揮した。時には言語以上の役割、コミュニケーション・ツールとして機能した。この文脈で、白旗はノンバーバル（言語を用いない）・コミュニケーション *nonverbal communication* の象徴であった。

言い換えれば、フィルモア国書の外交辞令の裏に隠された「ペリーのホンネ」を語るものこそ、「白旗現物」であり、その説明文としての「白旗文書撫恤本」なのであり、両者は、「フィルモア国書」と並べて嘉永六年六月九日に久里浜で実際に捧呈された、と解釈した朝河貫一説を歴史の真実と理解すべきである。

（2）白旗文書の思想と日米和親条約の条文

白旗文書に書かれた思想は、一八五四年三月三一日に神奈川で結ばれ、翌五五年二月二一日に下田で批准書交換が行なわれた日米和親条約[53]に結実している。

全一二カ条からなるが、ここに通商あるいは貿易の条項はない。条約の中心は、下田と函館を開港して、米船に「**薪水食料石炭欠乏の品**を日本にて調え候[54]」「給すへき品物直段書之儀は日本役人より相渡可申右代料は金銀銭を以て可相辨候[55]」（第二条、第八条、第九条[56]など）。

そして第三～五条は、「合衆國の船日本海濱漂着之時扶助いたし其漂民を下田又は箱館に護送し（第三条）」、「漂着或は渡來の人民取扱之儀は他國同様緩優に有之閉籠メ候儀致間敷乍併正直の法度には服従いたし候事（第四条）」、「合衆國の漂民其他の者共當分下田箱館逗留中長崎に於て唐和蘭人同様閉籠メ窮屈の取扱無之下田港内の小島周り凡七里の内は勝手に徘徊いたし箱館港の儀は追て取極め候事（第五条）」等、「**漂着或は渡來の人民**[57]」についての規定である。

ウィリアムズがこれを強調したことは繰り返し指摘した。大方の誤解とは異なり、**ペリー遠征の直接的目的は、「薪水食料石炭欠乏の品」の調達と「漂民」保護にあたり、通商要求ではなかった。**[58]

（3）白旗と白旗文書は、なぜ歴史の闇に消えたか

フィルモア大統領親書には、恫喝や脅迫と受け取られるような文言は一句もない。だが、ペリーの七月七日（和暦六月二日）書簡の結びの、「和約か、戦端を開くか」と二者択一を迫り、かつ返事の期限まで指定する二文は、明白な脅迫的言辞だ。

この「脅迫と白旗捧呈」という事実がなければ、幕府が交渉に応じたかどうか、疑わしい。とはいえ、万一交渉に失敗した場合、ペリーがアメリカで責任を問われることは明らかであった。こうしてすでに多くの識者が指摘しているようにペリー側としては、白旗や白旗文書は、可能な限り秘密扱いしようとした。

他方、白旗や白旗文書をやむをえず受け取る幕府側も、これは可能なかぎり内密に扱う必要

があった。脅迫に屈して国法の禁じた応対をすることは、幕府の沽券に関わる国辱の事態であった。香山らの智恵や老中阿部正弘の決断で一八五三年の国書受取りと五四年の和親条約に至った。白旗文書は、極秘覚書（あるいは添書）として扱われた。そして翌五五年、安静大地震による江戸城大火に伴う文書庫の消失によって失われた。

史料不足には、それなりの事情がある。だが、その欠落を他の史料群によって補うことが歴史の真実を知るうえで欠かせないことは言をまたない。入手しやすい史料だけに頼るのは、学問的な態度からは遠い。

補論　松陰とウィリアムズとの船上対話[59]

黒船に吉田松陰が乗船しようとしたことは、NHK大河ドラマ「花燃ゆ」でも取り上げられたが、松陰と金子は、欧米のありさまをいささか学び、「もっと深く知りたい」欲求に駆られている。幕府の海禁は厳しいので、国法を犯して密航を企てるしか手だてがない。狭い日本では得られない知識を五大州の隣人たちから学びたい。密航意図の説明には不慣れだが、両名の「意は実にして、誠は確か」なことを信じて欲しい、疑わないで欲しい。達筆で古典的な漢文スタイルで密航の意志を表明した松陰らの趣旨をウィリアムズの側は十分に理解しつつも、密航の手助けを拒否したのであった。

次の書状「投夷書」は、松陰が船上でウィリアムズに手渡したもので、現在イェール大学スターリング図書館のウィリアムズ家ペーパーに収められている。

投夷書を読み下し文に改め、ウィリアムズの英訳と対比してみよう。

日本国江戸府の書生、瓜中萬二[60]、市木公太[61]、貴大臣・各将官・執事に書を呈す。

Two scholars of Yedo in Japan, named Isagi Kooda, and Kwanouchi Manji, present this letter to the high officers and others who manage affairs.

［松陰は自らを「書生」と自称し、ウィリアムズは scholars と正確に訳した］

小生ら両名は賦稟（ふひん）［生来］薄弱、軀幹（くかん）［体躯］矮小にして、固（もと）より士籍（しせき）[62]に列するを自ら恥ず、未だ精刀にて刺撃の技を槍する能わず、未だ練兵馬闘の法を能わず、汎汎悠悠（はんはんゆうゆう）と歳月を玩愒（がんけい）す、支那（ママ）の書を読むに及び、欧羅巴米理駕（ヨーロッパアメリカ）の風教［風聞］を稍聞き知り、乃ち五大洲を周遊せんと欲す。

That which we have received is meager and trifling, as our persons are insignificant, so that we are ashamed to come before distinguished persons; we are ignorant of arms and their uses in battle, nor do we know the rules of strategy and discipline; we have, indeed, uselessly whiled away our months and years, and know nothing. We have heard a little of the customs and

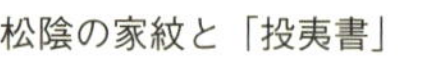
松陰の家紋と「投夷書」

knowledge of the Europeans and Americans, and have desired to travel about in the five great continents,

［近代的武器や戦闘方法を知らないので、学びたい。欧米の習慣や知識は若干学び、それを深めたい］ 然るに吾国の海禁は甚だ厳しく、外国人の内地に入り、内地人の外国に到るは、皆な不貸之典［許されざる法令］にあり。以て周遊の念、勃勃（ぼつぼつ）として、往来は心と胸の間にあるも、呻吟（しんぎん）して趑趄（ししょ）す［行きつ戻りつ］、蓋し亦た有年か。

but the maritime prohibitions of our country are exceedingly strict, and for foreigners to enter the ‘inner land, or for natives to go to other countries, are alike among the immutable regulations. Therefore our desire to travel has been checked, and could only go to and fro in our breasts, unable to be uttered, and our feet hampered so as not to stir. ［幕府の海禁は、きわめて厳しい］

幸いにも貴国の大軍艦が檣（ほばしら）を連ねて吾が港口に来泊して已に久しい、小生らは稔熟（ねんじゅく）のように観察して貴大臣各将官の仁厚愛物［humane conduct of your officers and their love of others］の意、平生の念を深く悉すことに又復触発された。今則ち断然と策を決し、将に深く密に請託し坐を仮り、貴船中に潜み海外に出て、以て五大洲を周遊し、復た国禁を顧みる暇をもたざる也［even if it is disregarding our laws］。願わくば執事が鄙衷を辱察せられ、此事を成功させんことを。小生らは百般の使役をなし、命あらば、直ちに聴き行うなり［whatever we are able to do to serve you will be considered as orders as soon as we hear it］。

This had been the case for years, when happily the arrival of so many of your ships anchoring in our waters now for many days, and our careful and continuous examination of the kind and humane conduct of your officers and their love of others, has excited the desire of years which now struggles for its exit. We have decided on a plan, which is very privately to request you to take us aboard of your ships and secretly carry us to sea, that we may travel over the five continents, even if it is disregarding our laws. We hope you will not regard our humble request with disgust, but will enable us to carry it out; whatever we are able to do to serve you will be considered as orders as soon as we hear it.

「夫れ跛躄者が歩行者を見て、歩行者が騎乗者を見る」――それを羨やまぬことがあろうか。然るに国内に在っては、終身奔走しても、東西三十度、南北二十五度の枠［日本は経度緯度から見て、この経度緯度の範囲に収まる］を飛び出すこと不可能なり。［貴下の船に乗り］夫れ長風を駕し、巨涛を凌ぎ、千万里を電撃のように走り、五大洲の隣人と交わるならば、まさに「跛躄者が歩行者となり、歩行者が騎乗者となる」機会を得るの譬の通りである。

When a lame man sees another walking, or a pedestrian sees another riding, would he not be glad to be in his place? How much more now, since for our whole lives we could not go beyond 30 degrees east and west, and 25 degrees from north to south, when we behold you come riding on the high winds and careering over the vast waves, with lighting speed coasting along the five continents, does it appear as if the lame had a way to walk, or the walkers an opportunity to ride!

執事よ、幸いにも明察を垂れ、［小生らが］請う所を許諾されるならば、何たる恵みと之を尚ぶであろうか。惟うに吾国の海禁は未だ除かず、此事［密航］が若し露顕するならば、則ち小生らは徒に追捕され召回され、刎斬立ちに到る［即刻処刑］は疑いなき也。事此に至り、則ち貴大臣・各将官の仁厚愛物の意を傷つけるおそれ大なり。執事よ、願わくば請う所を許し、また小生ら両名の委曲を包み隠す傘となり、開帆の時に至りて以て刎斬の惨を免れせしめよ。若し他の年に自ら帰るに至らば、則ち国人もまた往事の追窮は不必要とならん。小生らの言は、疎漏と雖も意は実にして誠は確かなり。執事よ、願わくば其の情を察し、其の意を憐み、疑いとなす勿れ、拒むをなす勿れ。

We hope you who manage this business will condescend to regard and grant our request; but as the restrictions of our country are not yet removed, if this matter becomes known, we shall have no place to flee, and doubtless must suffer the extremist penalty; and this would greatly grieve your kindness and benevolence of heart to your fellowmen. We trust to have our request granted, and also that you will secrete us until you sail, so as to avoid all risk of danger to life; and when we return here at a future day, we are sure that what has passed will not be very closely investigated. Though rude and unpracticed in speech, our desires are earnest, and we hope that you will regard us incompassion, nor doubt or oppose our request.

日本嘉永七年〔一八五四年〕甲寅三月八日〔四月一〇日〕

萬二・公太ともに拝呈す

注

1　一八三七年に商船モリソン号で日本漂流民を帰国させる試みが失敗した教訓を十分に活かして一八五三年にペリー艦隊が浦賀を訪れた。その間の経緯を陶徳民は「アメリカによる対日人権外交」ととらえている。「十九世紀中葉美国対日人権外交的啓示—写在日本開国百五十周年之際」『二十一世紀双月刊』、二〇〇四年四月号。

2　一八〇八年一〇月（文化五年八月）に起きたフェートン号事件、一八二四年の大津浜事件と宝島事件を受けて、江戸幕府は一八二五年（文政八年）に異国船追放令を発した。無二念打払令、外国船打払令、文政の打払令とも言う。

3 原文のまま。ウィリアムズはこの九漢字をローマ字のあとに補足している。

4 ここで「朝、白旗を掲げる」とは、むろん戦闘意志のないことを示すためである。ウィリアムズはモリソン号で来航した際に、突如砲撃された体験に鑑みて、「和戦両用」のうち、「和の構え」「戦の構え」を相手側に誤解を与えないよう、シグナルとしての白旗の意味を説明した。白旗はもし「戦闘中」に掲げるならば、当然「撃ち方、止め」の意味であり、逆に掲げていた白旗を敵の面前で降ろすならば、それは「戦の構え」への転換を警告する。白旗はむろん「休戦」から、やがては「降伏」に至る場合もあるが、「和交」か「降伏か」、いずれか二者択一のシンボルと解する日本史家たちの解釈は、馬鹿げている。

5 They were clearly informed of the meaning of a white flag, and also that visits were out of season till after the flags were hoisted in the morning.

6 『日本遠征記』岩波文庫版、二巻二〇〇頁。

7 『日本遠征記』二巻二〇〇頁。

8 投錨に先立って、数多くの日本の防備船が続々と海岸を離れて来るのを認めたが、提督は言葉と信号とで自分の乗艦以外の船には何人の乗船をも禁ずという至急命令を伝えた。更に提督はその旗艦に対してさえ同時に三人を超えざる人にして、用件ある者のみの乗艦を許可すべしと命じた。『日本遠征記』二巻一八六〜一八七頁。

9 実は提督(Admiral)ではなく、准将(Commodore)の階級だが、通称にしたがう。

10 実は蒸気船二隻、帆船二隻。

11 一八三七年、米商船モリソン号(Morrison)が漂流民乙吉ら七名を載せて浦賀沖、鹿児島湾に現れたが、薩摩藩及び浦賀奉行は異国船打払令に基づき砲撃を行った。江戸湾で砲撃を命ぜられたのは小田原藩と川越藩であった。この船には二五歳の若きウィリアムズが乗船し、経過を熟知していた。

12　岸俊光『ペリーの白旗』二一頁に、その経歴が詳しく紹介されている。

13　和光大学岸田秀元教授のゼミ生鈴木健司による解釈（岸俊光著二一五頁）や後掲の若井論文では注目している。

14　史料一一九号「六月九日（?・）米国使節ペリー書翰、我政府へ白旗差出の件」、『大日本古文書』シリーズ『幕末外国関係文書Ⅰ』（東京帝国大学編、明治四三年）所収。

15　史料一一九号、町奉行書類所収外国事件書、『高麗環雑記』

16　一六年前のモリソン号打払いの教訓は、ウィリアムズにとって身に沁みている。

17　史料一七号七一～七二頁。

18　P. B Wiley, *Yankees in the Land of the Gods, Penguin Books*, 1990.『黒船が見た幕末日本』興梠一郎訳、ＴＢＳブリタニカ、一九九八年。

19　Two rosewood boxes wrapped in scarlet cloth with the various letters enclosed (ine1-3,p.318) ,two rosewood boxes with gold hinges（line37,p.318）

20　six-inch-by-three-inch solid gold boxes, line1-2,p.319.

21　なおウィリアムズ随行日誌では単に boxes とのみ記されている。pp. 61-62.

22　two beautiful boxes, 原書一九五頁、宮澤真一訳、二二七頁。

23　The originals of the letter and credence were then shown them, and also the package containing the translations; they showed little or no admiration at them, but wished to know the reason for sending four ships to carry such a box and letter to the Emperor; yet whether.....They[栄左衛門と通詞たち] were clearly informed of the meaning of a white flag, and also that visits were out of season till after the flags were hoisted in the morning.p.51. 下線による強調は矢吹。

24 「白旗の意味するところ（the meaning of a white flag）」で、不定冠詞aをうけた白旗は、「一枚の旗」ではなく、「白旗一般」であるから、日本側で記録された「二枚の白旗」と矛盾する記述ではない。

25 『幕末外国関係文書Ⅰ』一三九頁。

26 『幕末外国関係文書Ⅰ』一八一～一八四頁。

27 『幕末外国関係文書Ⅰ』二九～三〇頁、九一～九二頁、二七一～二七三頁。

28 『幕末外国関係文書Ⅰ』二七三頁。

29 大統領親書の意味を説明したもの、末尾に恫喝条項あり。

30 捧呈日時の協議を求めたもの。

31 国書への返書受取りの見通しを述べたもの。

32 『幕末外国関係文書Ⅰ』英文付録九頁。

33 一九九七年一〇月、栄光教育文化研究所刊、オフィス宮崎訳、加藤祐三監修。

34 第一巻二五九頁。

35 『幕末外国関係文書Ⅰ』二五七頁。

36 『幕末外国関係文書Ⅰ』二六〇頁。

37 『幕末外国関係文書Ⅰ』二六四頁。

38 I have particularly charged Commodore Perry to abstain from every act which could possibly disturb the tranquility of your imperial majesty's dominions. 『幕末外国関係文書Ⅰ』付録一～二頁。

39 史料二〇号。

40 史料一一九号。

41 おそらく堀達之助と立石得十郎。

42　史料一五号「香山栄左衛門上申書、老中宛て」二四頁。
43　史料一五号二六頁。
44　前年から申し入れてきた要求であるから速やかに返事が欲しいと、迫る構図だが、朱筆によるこの部分は一八五四年のやりとりのはず。「香山上申書」が書写される過程で書き加えられたものか。
45　要求が叶わない場合は、一戦に及ぶと、脅迫している。
46　浦賀奉行には四日申し入れた白旗の件を老中に直接申し入れたい、と迫る。
47　史料一五号二七～二八頁。
48　Anton L. C. Portman
49　I am not sorry that one of them knows Dutch so much better than I do Japanese, for I think intercommunication is likely to be more satisfactory.
50　Yezaimon spoke in a clear voice and, through Tatsnoski, who put it into Dutch for Mr. Portman, I could make out almost all they said;
51　but it would require considerable practice to speak that style,
52　これはアヘン中毒の薛老人によって訳されていたが、彼は浦賀到着前に病死した。
53　Treaty between the United States of America and the Empire of Japan
54　where they can be supplied with wood, water, provisions, and coal, and other articles
55　A tariff of prices shall be given by the Japanese officers of the things which they can furnish, payment for which shall be made in gold and silver coin
56　フランスが中国と結んだ黄埔条約について、ウィリアムズは熟知していた。そこには「最恵国待遇」に関する条項が含まれている。それで日本との条約締結にあたり、彼の提案にそって、同様の条文が、つけ加えられることになった。彼の進言する言葉のままに、第九条は以下のようになった。

「将来、日本政府が、米国以外の国ないし国々に、特権や特典を認めるようなとき、今回の条約において、米国と米国市民に盛り込まれていないものに関しては、協議を省き速やかに同様の特権と特典を米国と米国市民に認めることに合意する」。宮澤眞一訳、二四九頁。

57 those ship wrecked persons and other citizens of the United States

58 通商要求は一八五八年に結ばれた日米修好条約以後の課題である。

59 Williams, *Journal*, pp.172-174.

60 松陰が瓜中万二（かのうち・まんじ）の偽名を用いたのは、「卍」字の周りを瓜文（かもん）で囲む吉田家の家紋に由来する。

61 金子重輔は当時「渋木松太郎」の偽名を使っていた。「渋い木」とは「柿」であり、これをヘンとツクリに分解して「市木」とした。そして「松太郎」から「公太」の名を作った。夜久正雄「吉田松陰渡海密書二通について」『亜細亜大学 教養部紀要』一五号、一九七七年、五三〜七三頁による。

62 古代中国では天子・諸侯・大夫・士・庶人の五つの身分のうち、士までを支配階級とした。

第3章　ウィリアムズの役割を評価する

（1）軍師ウィリアムズの役割——『随行日誌』と『生涯と書翰』

忘れられたウィリアムズ

宮澤眞一教授は『サミュエル・ウェルズ・ウィリアムズ——生涯と書簡』[1]を翻訳した際に記した前書きで、「日本におけるウィリアムズ」[2]のイメージをこう記している。

「日本でのサミュエル・ウェルズ・ウィリアムズの知名度は低い。中心的な研究テーマとして、焦点が合わされたことがない。一八三七年のモリソン号事件[3]、一八五三年と一八五四年のペリー艦隊の日本渡来、ヘボンやブラウンによる日本伝導活動、など幕末維新に起きた竜巻的新機運との絡みに於いて、ウィリアムズの名前と貢献が、言及されているに過ぎない。[4]」

サミュエル・ウィリアムズ肖像

白旗外交の「カゲの主役」は、実はペリーではなく、通訳サミュエル・ウィリアムズなのだ。[5] キーパーソン・ウィリアムズを忘れたあらゆる議論は、まるで問題にならない。

通訳とは元来地味な裏方であり、表舞台に顔を出すことはまれだ。朝河貫一は、ペリーの遠征と日米交渉の内実について、「入り組んでいて、きわめてわかりにくい歴史過程[6]」と評している。[7] そしてこの任務におけるペリーとウィリアムズの役割を視野の不自由な「盲目の当事者」になぞらえている。[8] その後の歴史の展開から見ると、鎖国日本を開国に導いた結果からして、「ペリーの成功」は明らかに見える。だが朝河貫一は遠征の成功と共に、残された課題や限界をも見極めようとしていた。

たとえば一八五四年二月二二日、アダムス船長は幕府との三週間の交渉で日米和親条約に調印までこぎつけており、これはむろん大成功と見られている。だが他方、「日本の港で米国商人が貿易を行うこと」は認められなかったし、ペリー自身が江戸を訪問して「天皇（実は将軍）の謁見を受けること」もかなわず、また天皇（あるいは将軍）から「フィルモア大統領宛の親書」を受け取ることもできなかった。それだけではない。ペリーは自分と「同等の官職をもつ人物」と会見することさえできなかったのだ。

実際にはペリーは、「希望したものと比べてはるかに劣った条件」で「奉行の署名」を得ることができたにとどまり、通常の署名と捺印さえ得られなかった。[9] そしてこのような日米交渉の真実を知る上で、『ウィリアムズ日誌[10]』は問題の核心を知るうえで最も重要な史料だと朝河は指摘している。

中国通ウィリアムズ

ペリーが日本との交渉においてウィリアムズを選んだのは、若い宣教師S・W・ウィリアムズによる、モリソン号が砲撃を受けた一部始終の連載物語を『中国叢報[11]』で読み、彼が日本語や日本事情についても研究意欲を燃やしていたことを知ってのことだ。[12] ウィリアムズは漂流民から日本語を学び、それらの漂流民にキリスト教を教えるために、マタイ伝の翻訳[13]を試み、『日本語語彙表』の編纂も試みていたのである。

ウィリアムズによる『マタイ伝』の日本語訳は、後述するように文語調を志向していた。すでに先例として存在していた、初めてのギュツラフ訳[14]が口語体を選んだのとは異なり、ここにも彼の知的好奇心が光る。[15]

日本語と中国語の異同、そして日本語における文語体と口語体の区別をウィリアムズが認識していた点が重要なのだ。日本語をどこまで習得できていたかという到達水準ではなく、文語体と口語体の違いを認識できた点が重要である。これはおそらくウィリアムズが中国語においても、方言の差異はもとより、書面体と口語体が異なることを深く認識していたことからの類推でもあろう。[16]

思想的文脈で考えると、日本はなぜ鎖国をするのか、鎖国を解かせるにはどのような段取りが必要か。この種の外交戦略をペリーの助手として考えることがウィリアムズの課題であり、彼は見事にその課題に成功した。

（2）ウィリアムズの人物像

中国専門家としてのスタート

ウィリアムズはどのような人物なのだろうか。これまではあまり日本語のできない日本語通訳といった、あやしげなイメージが広く行われてきた。

こうした頼りないウィリアムズ像を一挙に粉砕し、その横顔をくっきりと描いてみせたのは宮澤眞一訳『S・ウェルズ・ウィリアムズ、生涯と書簡』（鹿児島、高城書房、二〇〇八年八月）である。英文の原著 *The Life and Letters of Samuel Wells Williams* は一八八九年に出ている。父サミュエルの残した膨大な資料をもとに、子フレデリックが父の死の一五年後にまとめた伝記である。

ウィリアムズは一八一二年九月二二日ニューヨーク州ユーティカに生まれ、一八八四年二月一六日、コネチカット州ニューヘイブンで死去した。ウィリアムズは一八三二年、一九歳のとき、米国海外伝導協会によって広州伝教団の伝導印刷工に任命され、翌年広州に派遣された。

最初の二〇年、彼の主な仕事は雑誌『*The Chinese Repository* 中国叢報』(Canton: printed for the Proprietors) の編集と印刷であった。「伝導印刷工」とは、聞き慣れない職種だが、彼の家業が小さな印刷所であり、彼は印刷の技術をもっていた。そこで中国において各地に散らばり布教を進めている宣教師たちの通信や、布教に際して心得ておくべき知識を提供する中国宣教師団の会員通信のような雑誌を一八三二年から五一年まで編集発行した。この仕事を通じてウィリアムズは中国のことなら何でも最新の知識を身につけた中国専門家に成長した。

イェール大学の教授へ

この間一八五三年と五四年にはペリーに嘱望されて日本遠征に参加した。一八五八年、ウィリアムズは伝導協会を離れ、米国の中国大使館に勤め、五八年には米公使を助けて米中天津条約をまとめた。一八五六年から七六年までに彼は七回にわたって代理公使の職務に就いた。

一八七七年、六五歳のウィリアムズは、アメリカに帰国した。帰国した彼を迎えたのはイェール大学に初めて設けられた中国語と中国学を教える講座の教授ポストであった。彼自身は、大学教育を受けずに中国に渡ったが、持ち前の学者気質を活かして、辞書を作り、何冊もの本を書いた。その業績が認められてイェール大学に迎えられたわけだ。

第4章で後述するように、ウィリアムズの子フレデリックは、父の後を襲ってイェール大学の准教授になった。そしてこのフレデリックこそが朝河貫一が『大化改新』を書いて博士号を得た際の指導教員であり、朝河はフレデリックの中国学講座を日本学、東洋学まで拡大した。

以上の学灯からして、朝河はウィリアムズ父子の資料をすべて閲覧できる図書館のキュレーターを勤めた経緯もあり、一連の史料を熟知していた。一時帰国の際には、東大史料編纂所の史料も閲覧しており、ペリーの白旗問題について、朝河ほど原史料を繙いた研究者はない。そのような朝河の研究を一切無視したところに、日本史学界の白旗騒動の悲喜劇が生まれた。

（3）日本との関わり[17]

漂流民との出会い

ウィリアムズの横顔に続けて、彼と日本との関わりをまとめておきたい。ウィリアムズの東洋における活動は、中国大陸が中心なので、人々は彼と日本とのかかわりをほとんど意識していない。しかしながら学者気質の彼は日本語や日本人、日本文化に強い関心を抱いていた。彼は中国語の書き言葉と話し言葉、南方方言と北京官話との違いなどを研究していたので、公文書に漢字表記、漢文を用いながら、それを日本語として読む日本の言語事情に強い関心を抱いていた。

発端は、一八三六年六月、三名の日本漂流民との出会いである。彼は自ら経営する印刷所で彼らを雇い、彼らから日本語の語彙を学び、簡単な語彙集を編集している。一八三七年七月、彼はこれらの日本漂流民を日本に帰国させる目的をもってモリソン号に乗り組み、送還を試みた。生憎その試みは、幕府の異国船打払令によって失敗した。ウィリアムズはその顛末を『*The Chinese Repository* 中国叢報』に書いた。ペリー提督が日本遠征に際して日本語通訳としてウィリアムズに白羽の矢を立てたのは、この顛末記を読んだからだ。

清朝はアヘン戦争の敗北以後、門戸を開放していたので、そこで活躍する宣教師たちも少なくなく、また中国語を習得した人材も少なくなかった。ところが日本は鎖国しており、その国の言語を習得したアメリカ人は皆無であった。ウィリアムズの日本語、特に話し言葉は、十分とはいえないレベルであったが、中国語に堪能であり、不足は中国語でカバーできようという目論見でもあった。

夢の国、日本

ウィリアムズは妻宛ての書簡で、三五年にわたる日本との交流をつぎのように回顧している。

「[一八七二年の]三週間の日本訪問では、三分の一を江戸で過ごしましたが、まるで夢の国に足を踏み入れたような錯覚に襲われました。過去、現在、それに未来が、一緒くたに渾然としている様は、とても説明できないものの、極めて楽しいものでした。将軍家の墓地を見物してきました。北京市近郊の明朝陵墓に較べたら、どんなにか小規模で貧弱なものではありますけれど、それなりの特色があり、一目を置く価値はありました。繊細な彫刻と清楚な感じが、見る人の目を特に楽しませてくれます。

学院の教師の一人に案内されて、小高い丘の頂上まで馬で行きました。首都近郊の広大な平原を眺望できました。木立、田畑、村落が群がって、見事な光景でした。江戸の樹木ばかりを遠望した苦い経験が一八五四年にありましたけれども、今回快適な夏の気候に恵まれ、市内を逍遥できたことは、満足の一言に尽きます。ただ、時速五マイルの速さで、二人の強壮な車夫によって、町中を引っ張り回される人力車の奇妙な感触だけは、やはり初体験の怖さが残りました。

とにかく今回の日本訪問中で、一番おもしろかった光景を挙げるとすれば、教養豊かな学者の洗礼でした。彼ほどの日本人が、キリスト教と信者の責任を全て受け入れ、キリストの教会の一員になったことです。彼ら日本人の礼拝に出席していると、あの頃、マカオの僕の家に集まっては、祈祷した昔の同胞日本人たちのことをどうしても思い出してしまいます。ここ三五年の歳月をかけて、神が成就された業のことを思います。
ヘボンの伝えてくれた話によりますと、横浜での僕は、『但し殿』（Mr. But）というニックネームでよく知られているとのことです。僕の会話のなかで、頻繁に使っているButという日本語の表現は、日頃使わない言葉なので、日本人の関心を引いたものと思われます。[18]」

ここにヘボンの名が出てくる。ヘボンはヘボン式ローマ字の創案者として、また明治学院の創設者としてよく知られている。ヘボンとウィリアムズとは三歳違い、ウィリアムズが年長であった。二人は布教の主な対象、そして宣教師としての生活は、日本と中国に分かれたが、友人として東洋における布教体験を交流し合う仲間であった。

ウィリアムズが横浜で「ミスターバット君（但し殿）」のあだ名で呼ばれたという逸話は、彼の特徴を巧みに描いていると思われる。ある陳述を行ったすぐあとで、「しかしながらこの点では、あの点では」、と限定を付すのがウィリアムズの口グセであり、これはいつも正確さを求めて分析を繰り返す彼の思考法を活写したあだ名ではないかと思われる。

西暦	年齢	日本との関わり
1836年6月25日	24	3名の日本漂流民と会う。
1837年7月4日	25	モリソン号で日本に向かい、漂流民の送還を試みる。
1837年7月12日	25	琉球那覇港に着き上陸して視察、当地の官員と連絡をつける。
1837年7月30日	25	浦賀で砲撃され、やむなく帰る。
1837年8月10日	25	鹿児島湾に着くが、薩摩藩は（江戸と同じく）武力で打ち払う。
1837年8月29日	25	マカオに戻り、日本語の学習を始める。
1838年冬	26	『マタイ伝』の日本語訳を完成し、日本語語彙表を作成。
1840年	28	『創世記』の日本語訳を開始。
1853年4月9日	41	ペリー提督に請われて日本遠征の首席通訳となる。
1853年5月	41	マカオから琉球那覇港へ向けて出発し、ペリーの第2回琉球・日本遠征に加わる。
1853年6月6日	41	琉球首府を訪問。
1853年7月	41	ペリー艦隊が日本に向かう。
1853年7月9～14日	41	日米折衝に参加。とりわけ、9日と12日の香山栄左衛門との「船上対話」が重要である。
1853年7月下旬		ペリー艦隊の帰途、那覇に再上陸し、那覇当局との会談を代表として務める。
1854年1月14日	42	ペリー艦隊の第2次琉球・日本遠征に随行。
1854年3月13日	42	日米和親（神奈川）条約漢語訳に、米国側代表として署名。[19]
1854年4～6月	42	下田と函館を訪問。
1854年7月20日	42	日本遠征を終えて、艦隊とともに寧波に着く。
1856年12月14日	44	第2次アヘン戦争により、上海の外国商館が焼かれ[20]、ウィリアムズの印刷所は『中国叢報』等の在庫や活字をすべて焼失。ウィリアムズは印刷所を止めて、公使館の秘書・通訳となる。
1858年9月20日	46	William Bradford Reed（列衛廉）とともに長崎を2週間訪問。4回目の日本訪問。
1872年7月	60	5回目の日本訪問。出発時は在米の中国留学生と連絡をとるため訪米する容閎（イェール大学初の中国人学士）も同行。ウィリアムズは妻宛ての書簡で、35年にわたる日本との交流を回顧している。[21]

ウィリアムズと日本とのかかわり

（4）ウィリアムズの日本語能力について

謙遜表現

白旗問題の論点を調査した岸俊光『ペリーの白旗』[22]は、「ウィリアムズの日本語能力について、専門家の見方は一様に否定的だ。松本健一の著書『日本の近代1　開国・維新』は、ウィリアムズを含むペリー一行の絵巻を載せながら、シナ語通訳のウィリアムズが『日本通辞』とあるのは誤記か」と書いている[23]。

また加藤祐三著『黒船前後の世界』も、ペリーから通訳として同行を要請されたウィリアムズが日本語に自信が持てずにためらったことなど[24]を指摘している加藤の「自信が持てずに」という記述は、むろんウィリアムズが『随行日誌』のなかでの謙遜表現を字義通りに受け取ったものであろう。「傲岸な」ペリーと「謙遜を忘れない」ウィリアムズのことばを、そのまま受け取るのは、誤解を招きやすい。

日本語習得方法

ウィリアムズはどのように日本語を学んだのか。一八三七年七月二日付マカオ発父親への手紙で、彼は仲間のギュツラフの日本語習得について、こう書いている。

「ギュツラフは日本人漂流民から、すでにある程度の日本語を習得しました。どんなことでも大抵の話題は、日本語で会話できるほどになりました。彼ら日本人とギュツラフが同行しておりますので、先方に対しては、かなり説得力のある次のような話ができるのではないか、と期待しているところです」

「『**この人たちは、米国海岸で難破しましたが、その後、マカオまで連れて来られました。マカオで私どもは、日本語を彼らから学びました。江戸まで私どもが、こうして渡航して参りました目的は、一つに、彼ら日本人漂流民を母国に返すことです。次に日本人との間に友好的な交わりを育てたいからです。更に、医師の治療を受けたいと希望する人がおりましたら、病気を直したいと思っております。最後に、わずかな量ですが、交易もしたいのです。**』」（強調引用者）

「初めての試みなので、伝道文書はいっさい持っていきません。そんなことで日本側の恐怖心を煽ってしまい、せっかくの良い始まりを傷つけたくないためです。そのかわりに、良い行いをすることによって、日本側の嫌悪するキリスト教の実践面が、彼らの目に見えてくるように、努力して来るつもりです。[25]」

この手紙から、ギュツラフの日本語習得が「大抵の話題は、日本語で会話できるほど」のレベルに到達していたことが分かる。私が第三者たるギュツラフの日本語能力に着目するのは、ギュツラフについてこのように記述する**ウィリアムズ自身の目的意識**を調べるためだ。

引用文中、筆者が強調を加えた部分は、ギュツラフ、ウィリアムズらのモリソン号チームが江戸幕府に伝えたい来航目的の要旨である。しかも「日本側の恐怖心」を煽らないよう**伝道文書を携帯しないこと**、**日本側がキリスト教を嫌悪している事実を十分に認識**した上での行動であることを自覚している点に着目しておきたい。この時点でウィリアムズ自身はまだ日本語を学んではいないが、ギュツラフと同じ目的意識をもち、同じ努力を行うならば、「大抵の話題は、日本語で会話できるほど」にウィリアムズ自身の日本語能力を高めることは、時間の問題にすぎない事が察せられよう。

『マタイ伝』日本語訳

モリソン号航海から三九年後、ウィリアムズは『中国布教報告書』に、次のように書いた。

「（モリソン号の五六日間の航海は）渡航に二〇〇〇ドルの費用をかけながら、見返りの収益はありませんでした。布教の観点、または科学的な観点から考えても直接的な成果は皆無でした。」

「それが、究極的な成果という観点から申しますと、そうとは限りません。連れ帰った七名の日本人たちは、あちらこちらで雇用されて、大抵の人が、有益な働きをしました。ギュツラフのもとに、二名が、数年間とどまりました。また、マカオの僕の印刷所でも、別の二名が、働いてくれました。」

「この四人から僕たちは、日本語の知識の習得を助けてもらいました。その結果、僕たちの共同作業によって、創世記、マタイによる福音書、ヨハネの福音書と書簡、それらを日本語に翻訳することで、彼らの教化に役立てました。」[26]

モリソン号での日本訪問が失敗した後、ウィリアムズはマカオで本格的に日本語の学習に着手し、一八三八年冬には、『マタイ伝』の日本語訳を完成し、『日本語語彙表』を作成している。ウィリアムズ訳の『マタイ伝』は、失われたものと考えられていたが、一九四八年に九州大学の春日政治が偶然長崎の古書店で、庄蔵写本を発見した（春日『一八五〇年和訳の馬太伝』参照）。内容については後述する。

上のウィリアムズ『中国布教報告書』の記述に基づいて、子フレデリックは次のようにまとめた。

「（モリソン号は）悲しい気持ちで戻っては来たものの、敗北感はなかった。日本における布教と文明開化の道は、まだ閉ざされたままではあるが、日本人の開眼に役立つはずの手段を準備するには、出来るところから始めなければならない。こう考えたウィリアムズは、マカオに戻った日本人のなかでも、最も知的な一人から日本語を学ぶために、真剣な勉強を開始した。」

「もと船乗りのこの日本語教師に助けられたウィリアムズは、帰還後の冬場の間に、マタイによる福音書の日本語訳を準備したが、これは、外国人のもとで雇用されることになった七名の全員に、キリスト教を教えるためだった。その後につづいて、日本語の小さな語彙集を完成させ、更に二年経過する頃には、『創世記』の日本語訳を準備できた。これらの小さな草稿本は、読み書きのできた二名の日本人漂流民の手によって、二、三部の写本を完成したものの、現在まで一部も残っていない。ウィリアムズの所有していた写本は、一八五六年に起きた十三行街の商館破壊のときに、彼の蔵書とともに焼失してしまった。」

「こうした作業を進めていくなかで、少なくとも二名の日本人漂流民の改心を成し遂げて、キリスト教信者にした。」

「それだけでなく、会話の目的に十分なだけの日本語知識、それも庶民の口語日本語の知識を獲得できた[27]。」

黒船来襲時に使用した日本語

では、実際の交渉の場でウィリアムズの日本語はどうであったか。

「双方の間のコミュニケーションは、オランダ語で行いました。長崎の日本人通訳の一人がどうやら浦賀出張を命じられ、遠征隊の到着まで待機していたようです。彼のオランダ語は、僕の日本語よりも、はるかに上達していました。実際の話、昔の僕は、平気で文章を組み立てられたのに、そんな慣れが、ほぼ消滅しています。八年もの間使っておらず、もともと中途半端なうえに、普通の日本人水夫から習っただけの知識でしたから、僕の日本語は、まるで五里霧中の状態にあります。こんな事情ですから、オランダ語によって、ずっと会談を続けられると知り、僕は内心、胸をなで下ろしました。これほどオランダ語に堪能な日本人がいるなんて、僕の予想を超えていました。[28]」

白旗問題を扱う多くの論者は、この一節を引用して、日米対話が主としてオランダ語を媒介したものであり、日本語通訳の日本語のレベルは、実用の訳に立たない程度のものにすぎなかったとする誤解が広く行われている。

すでに述べたように、実際の対話がオランダ語を主として行なわれたことは事実として確認できるが、朝河貫一が「モデレーター」の役割と高く評価したように、実際にはウィリアムズの手腕により、交渉が大きく進められたことは第2章でも見てきた。

「マタイ伝」から見る「皇朝古体文辞」の可否

「撫恤本」には「白旗文書」が「皇朝古体文辞　一通」と記されている。第5章で見るように、従来の「白旗」論争においては、「皇朝古体文辞」と言われる「カタカナ書き文語調」の文（一部に漢字を含む）を書ける人物がペリー側にいなかったはずだということが、偽造説の論拠となっている。

　幕末の幕府役人の白旗文書解読者たちがあえて、「皇朝古体文辞」と称した文体を想定する上で参考になるのは、ウィリアムズが『マタイ伝』を訳した際の文体である。

ここでは、カタカナを主体として若干の漢字（名詞）が加わる形式である。これならば、「漢文色・漢文調」を脱して、「より日本語らしい文体」に見えてくるであろう。

　要するに「カタカナを主体とし、若干の漢字を用いた」文語調の文体――これが「皇朝古体文辞」あるいは「皇朝古文言」と呼ばれたものの正体であり、このような文体のメモ書き（添書き）を書くことは、ウィリアムズの語学能力からして不可能ではなかったはずだ――このように推定することが許されるであろう。[29]

　話し言葉が不得手なウィリアムズに白旗書簡の執筆は可能であったか。ウィリアムズ訳と推定される『マタイ伝』第五章の一節を読んで見よう。

　ウィリアムズは、浦賀に来る八年前に、このような日本語を書いた体験をもつ。この種の文体が幕府役人から「皇朝古体文辞、皇朝古文言」と呼ばれたとしても、不思議ではない。これ

1. ヒンナ［貧な］ ココロノ［心の］ヒト〳〵［ヒトビト繰り返し記号］ワ［人々は］、メデタクアリ［めでたくあり］。コレ ソノヒトワ）テンノクニヲ［天の国を］、モトメラルナリ［求めらるなり］。
2. ナゲキカナシム ヒトビトワ［嘆き悲しむ人々は］、メデタクアリ［めでたくあり］。コレソノヒトワ アンダクヲ［その人は安楽を］モトメラル［求めらる］。
3. ヤソラカナ ヒトワ［安らかな人は］、メデタクアリ［めでたくあり］。コレ コノヒトワ地ノ楽ヲ［地の楽しみを］、ユヅラル［譲られる］。
4. ヒモジイカゾキ［ひもじい家族］アル ヒトワ［ある人は］、メデタクアリ［めでたくあり］。コレ ソノヒトワ 萬腹アリ。
5. アワレミヲ カケル ココロノ ヒトワ［憐れみをかける心の人は］、メデタクアリ［めでたくあり］。コレ ソノヒトワ、アワレミヲ タシカニ モトメル［憐れみを確かに求める］。
6. ココロ キレイナ ヒトワ［心きれいな人は］、メデタクアリ［めでたくあり］。コレ ソノ ヒトワ、テンノツカサヲ［天の司を］、ノチニミレル［のちに見れる］。
7. ワボクヲサセルヒトワ［和睦をさせる人は］、メデタクアリ［めでたくあり］。コレソノヒトワ、テンノゴシソクト［天のご子息と］、ナヲツケラレル［名をつけられる］
8. ギニシタガツテ［義に従って］ナンヲウケルヒトワ［難を受ける人は］、メレタクアリ ［めでたくあり］。コレソノヒトワ、テンノクニヲ［天の国を］、モトメラル［求めらる］。
9. ヒトビトナンヂラヲ［汝らを］アクコウゾウゴンスル［悪口雑言する］、マタワレガコトニツイテ［我がことについて］、ナニニヨラズ［何によらず］、ソムキコト［背きこと］ウソデ［嘘で］ソシラレテモ［謗られても］、メデタクアリ［めでたくあり］。
10. ヨツテオドツテヨロコバレヨ、ソウイタサンナラバ［そう致さんならば］、テンノクニニ［天の国に］、ナンジラノ［汝らの］ハウビ［褒美］、ハナハダタントアリ［甚だ多い］。
11. ナンジラヨリムカシ聖神サノトヲリニ［上の通りに］、ナンヲウケナサレケル［難を受けなされる］。

ウィリアムズ訳『マタイ伝』第五章の一節。

は、いわゆる「候文」ではなく、「漢文訓読」ほど漢字が多くはなく、「カタカナを中心として部分的に漢字が混じる文語調の文体」である。

このような、辛うじて意味の通ずる「ウィリアムズの通訳メモ」が、「白旗文書（撫恤本）」と呼ばれたものであろう。

聞き取り・読み取り能力

ところで、以上は日本語の「表現能力」の側面である。日本語を「聞く能力」あるいは、「読んで理解する能力」は、表現能力をはるかに上回っていたと見てよい。それを示すものは、翌一八五四年四月、すなわち白旗文書から九カ月後に再度浦賀を訪れた際の、「吉田松陰との対話」であり、いわゆる投夷書[30]の英訳である（第2章補論参照）。この来航においては、ウィリアムズは中国人通訳羅森[31]を助手として、その漢文力を借りている。

松陰が偽名「瓜中萬二」で書いた漢文調の乗船依頼文「投夷書」は、ウィリアムズの手によって、完璧に訳されている。「投夷書」の解読にあたって中国人の通訳羅森の協力が大きいことは、当然予想され、ウィリアムズ個人の力だけで訳したものではないが、ウィリアムズ首席通訳以下の「ペリー艦隊通訳陣」は、これだけの能力を備えていたのだ。

その前年の際は、アヘン中毒の中国人通訳・薛老人が沖縄沖合で病死していた。当時のウィリアムズ通訳陣は、翌五四年四月時点（この時は羅森がいた）よりは弱体であったとはいえ、幕府側が「皇朝古体文辞」と称した白旗文書を書く能力は、備えていたと解してよいと思われる。

白旗問題の核心を握る人物がペリーの首席通訳を務めたサミュエル・ウェルズ・ウィリアムズであることが理解できれば、いわゆる白旗書簡とは、ペリー第一書簡（西暦一八五三年七月七日付・和暦六月二日）の末尾部分の翻訳であり、かつ「ペリーのホンネ」部分であることが明らかになる。

一九一〇年に英文で発表されていたサミュエルの『随行日誌[32]』を洞富雄が『ペリー日本遠征随行記』（雄松堂[33]）として、翻訳出版したのは一九七〇年であり、宮澤眞一が『サミュエル・ウェルズ・ウィリアムズ――生涯と書簡』[34]を翻訳したのは、二〇〇八年である。

これら二冊によってサミュエルの人物と活動は、細部まで明らかになっていたはずだが、白旗論争は、二つの翻訳の中間に行われ、基本文献は十分に参照されることがなかった。これが致命的なミスにつながった。キーパーソン・ウィリアムズをペリーの背後に隠れる亡霊のごとく扱うことによって、白旗の真実が見えなくなったわけだ。

（5）白旗文書の成立過程

白旗撫恤本

ここで「白旗撫恤本」（四四頁）の成立過程を改めて見てみよう。ペリー第一書簡の原文、加藤訳、中国語訳、漢文和解（わげ）、蘭文和解（わげ）については、第2章（4）ペリー第一書簡の建前と本音（五六頁）で引用・解説したので、参照してほしい。

白旗撫恤本、ペリーのホンネ部分の漢字まじりカタカナ文語調には、「アメリカ国より贈り来る箱の中に、書簡一通、白旗二流（しろはたふたながれ）、ほかに左の通り短文一通」とある。ここで書簡一通はいうまでもなく、ペリーの七月七日付書簡（いわゆる第一書簡）であろう。白旗二流とは、むろん白旗二枚である。「ほかに左の通り短文一通」とあり、その説明として「皇朝古体文辞一通、漢文一通、イギリス文字一通（不分明）」と書かれている。

これをどう読むか。「短文一通」のなかに、「皇朝古体文辞一通、漢文一通、イギリス文字一通」が含まれていると読むべきである。つまり、「短文一通」は、三つの言語で書かれていたわけだ。

「短文一通」の内容は、**ペリー書簡の結びの部分の英文要約**を本文として、それをまずウィリアムズが得意な中国語（漢文）に訳し、さらにそれほど得意ではない日本語（漢字まじりカタカナ文語調）に訳したものに違いない。つまりこれは、ウィリアムズの通訳メモであり、ペリー書簡の真意（ホンネ）を幕府側に伝えるために、ウィリアムズが手元に用意したものと解してよい。内容は次の七カ条である。

①「先年以来、彼国［米国］より通商の願いこれあり候ところ、国法の趣きにて違背に及ぶ」

――かねて米国から通商の要求があるが、幕府の国法と矛盾するので、受けいれられない。これは一般的な状況解説であり、必ずしもウィリアムズ独自の言葉ではない。

②「漂流等の族を自国〔日本〕の民といえども、撫恤せざること、天理に背き、至罪莫大に候」――これはウィリアムズが最も強調した論点である。通商についてはそれぞれの考え方があろうが、自国の漂流民を引き取らない非人道的行為は、絶対に許されるものではない。（著者のコメント。リンカーン大統領による奴隷解放宣言は、ペリー来航約一〇年後であり、当時の艦隊には、黒人奴隷も乗り組んでいた。それは捨象して、「漂流民の人権」を取り上げたわけで、**人道主義にも幅はある**ことが分かる。）

③「通商を是非々々に願うに非ず」――米国がいま求めているのは、「通商ではなく、漂流民の引き取り」である。誰にも反対はできないはずの「人道問題」を接触の糸口として、そこから日米対話の突破口を開き、通商への道を開くことがウィリアムズの作戦であり、これはモリソン号の失敗から得た教訓であった。

④「干戈をもって天理に背きし罪を糺す。其時はまた国法をもって防戦致されよ」――人道問題では妥協の余地がないので、幕府が拒否するならば戦争は必至だ（著者のコメント。米国が戦争に訴えるのは、**米国の国法**を守るためであり、幕府は**幕府の国法**を守るために戦う）。

⑤「必勝は我〔米国〕にあり。敵対兼ね申すべきか」――艦隊の砲撃力からして米国は必ず勝つ。

⑥「其節に至りて和降願いたく候わば、予〔ペリー〕の贈るところの白旗を押し立て示すべし。

即時に砲を止め艦を退く」――降伏する場合の合図用として白旗を贈る。

⑦「当方〔ペリー〕の趣意は、かくのごとし」――ペリー艦隊の日本訪問の狙い、その意図を説明したペリー書簡の核心は、つづめていえば、これに尽きる。

撫恤本の内容は、以上のごとくである。フィルモア親書ではなく、ペリーのホンネが実に的確に述べられていることが分かる。ペリーのホンネをこのように要約し、それを中国語と日本語で説明できる人物はウィリアムズ以外にはありえないし、ウィリアムズには語学力と、幕府役人との交渉失敗体験（モリソン号事件）のあることは、すでに指摘した通り。

蘭船本の一句、「蘭船より申し達し候の通り」を含む通商に関わる部分は、撫恤本をもとに、説明のために加えられたものと解するのがよい。

補論1：ウィリアムズ『随行日誌』の洞富雄訳について

「黒ん坊」

私は改めてウィリアムズの随行日誌リプリント版 *A Journal of the Perry Expedition to Japan* (1853-1854), Nabu Public Domain Rrprint.[35] とその訳本洞富雄訳『ペリー日本遠征随行記』[36] を読んで、訳本に違和感を感じたので、それを記しておく。

『随行日誌』において白旗（white flag）に触れたのは、一八五三年七月九日の項に一箇所あるのみだが、whiteという単語は二六回登場する。そのうち『洞訳』一〇五頁（七月一三日）、一一二頁（七月一四日）のwhiteは、誤訳と思われる。

（1）一〇五頁の訳。

「その最年長者に、『アメリカ合衆国の婦人は色白ですか。日本語はどこで習われたのですか』と尋ねられた」とウィリアムズは記している。原文は、"the oldest of them wished to know if the women in the United States were white,"である。訳者はこのwhiteを形容詞と理解して「色白」の訳語を当てたが、これは名詞「白人」と解すべきであろう。ウィリアムズの応接に当たった数人のうち、最年長者がぜひとも知りたいこととして二つ尋ねたうちの一つがこの質問なのだ。ペリー艦隊の総勢一六〇〇人のなかには、白人、黒人、中国人（日本人）が乗り組んでいたが、全員男性であり、女性は皆無であった。この文脈で、この質問が飛び出したのではないか。

（2）一一二頁の訳。

「一人は、アメリカの婦人は色が白いかどうかを知りたがり、もう一つは、どうすれば兵法が学べるであろうかと尋ねた」とウィリアムズは記している。原文は、"One man wished to know if the women in America were white; another, how he could learn strategy,"である。「色が白いかどうか」という訳語は、「色白」よりはよいが、依然誤解を招き易い。これも「白人か黒人か」を尋ねたのであり、それが分かる訳語がふさわしい。

（3）正解へのヒントは、『洞訳』三一九頁（一八五四年五月二二日）にある。「とある店の近くに、ニグロが数人立ち止まっていた。驚きのあまりギクリとした遠藤〔又左衛門、松前藩用人〕は、顔に何か塗っているのではないかと幾度となく尋ねた。彼は、黒ん坊がこういうものとはまったく想像もしていなかったからである」。原文は、"Two or three negroes were standing near a shop and struck Yendo with surprise, asking several times if their faces were not painted, for he had no idea the korumbo were anything like them." である。

訳本から引用した（1）と（2）の記述は、一八五三年夏の久里浜での出来事であり、（3）はおよそ一〇カ月後、函館での出来事である。

両者に共通しているのは、当時の日本人が初めて生身の黒人と接して、その皮膚には何かが塗られているのではないかと感じた驚きなのだ。アメリカという国には、白人男性と黒人男性がいることは理解できた。では、女性は総じて白人か、黒人か。それを知りたい。江戸や長崎の洋学者ならば、このような質問をしなかったかもしれないが、ウィリアムズが直接接触した幕末の日本下級役人は、久里浜でも函館でも、このような疑問を抱いたことをウィリアムズが証言した形だ。

その意味が日本の読者に正確に伝わる訳になっていると言えるであろうか。ここでウィリアムズは *korumbo* と人々が語る音声が黒人を指すことを直ちに理解し、フィールドノートに書き留めた。人々が黒人船員たちを指してそのように呼んでいたからだ。「黒ん坊」とは、元来日焼けして真っ黒な漁船員たちを指していたはずだが、この接触以来、「黒ん坊」という日本語は黒人をも指すことになった。ウィリアムズ日誌は、その現場を切り取った証拠写真に似ている。

原文置き換えの盲点

『洞訳』に接して感じた違和感をもう一つ、指摘しておきたい。それは吉田松陰との応接をめぐる一件である。

一八五四年四月二五日の項で、ウィリアムズはこう書いている。『洞訳』二八四頁によると「昨夜、二人の日本人がわが艦船で合衆国に渡ろうとして艦上にやって来たが、提督は幕府から許可を得たものでなければ応じられぬとして、彼らの乗艦を断った。彼らからは、前もって渡航したいと希望し、また艦内ではどんな仕事にも喜んで従事する、としたためた達筆の手紙を受け取っていた。この手紙の趣旨はつぎの通りであった」。

ここで洞訳は、「松陰の書いた原文をそのまま載せた方がよかろうと思う」と判断して、小型本『吉田松陰全集』第一〇巻、岩波書店、昭和一四年から、松陰書翰をそのまま転載している。このような扱いを行った理由を洞富雄教授は、こう説明した。

「公式記録の遠征記は、これとほぼ同文を載せながら、それをウィリアムズが逐語的に翻訳したものであるとしている。なるほど原文に照合してみると、これはまごうかたなく逐語訳である。このようにウィリアムズの訳が抄訳ではなく全訳であるとすれば、必ずしも適訳ともいえないこの英訳のそのまた重訳を掲げるよりは、松陰の書いた原文をそのまま載せた方がよかろうと思う。」（『洞訳』二八六頁注１）

「重訳」よりは「原文」を選ぶほうがよい場合は、一般論としては確かにありうる。だが、松陰書翰に即していえば、これは妥当な判断とはみなしがたいと筆者は考える。

理由は二つある。一つは、松陰書簡はすでにいくつかの版本を通して、原文（あるいは原文に近いテキスト）を読むことができる状況にあることだ。もう一つ、より重要な理由は、アメリカにおける日本学研究史において、これは原点となる歴史的文献であるからだ。当時のアメリカ人は、ヨーロッパや中国での文献と体験を経由して、日本学を学び始めていたとはいえ、アメリカ人が直接日本人と接触できた原点に位置する文献の一つが『随行日誌』であり、そこに収められた吉田松陰書翰であるとすれば、その文章と思想とをどのように、どこまで正確に理解できたか、誤解したかは、アメリカにおける日米関係史理解にとって重要な意味をもつ。それだけではなく、相手国の理解に基づく日米関係の展開を考察するうえで、避けては通れない課題と思われるのである。

以下は誤訳か不適訳か、あるいは注釈不足の例である。

（4）一九六頁の訳。

「彼［栄左衛門］は、大部分のしかも良質の石炭は九州で採れるが、日本の産出量は少なく、四国からは採れないと語っていた」。原文（五六頁）は、"He said the most and best coal came from *Kiushiu*, little from *Nippon*, and none from *Sikokf.*" である。この一文では、「from *Kiushiu*, little from *Nippon*, and none from *Sikokf*」と、三句が並列、対照されている。すなわち「（主として）九州から来る、ニッポンからは少し、四国からはゼロ」の意味だ。ここでニッポン Nippon とは、どこを指すか。訳語は「日本全体を指す」と理解して翻訳しているが、これは誤訳であろう。九州と四国と対比させているのであるから、ここでは「本州＝*Nippon*」とウィリアムズは理解していることが分かる。

Nippon を単に日本と置き替えるのは翻訳ではない。ウィリアムズ日誌とは、日本学事始めであり、当時のウィリアムズが本州を知らずに、ニッポン＝本州と理解（誤解）していたことを読み取るべきなのだ。これは一八五四年三月五日の記述だが、その八カ月前、すなわち一八五三年七月一二日には、同じ幕府役人栄左衛門から、次のように聞いていた。

（5）一〇三頁の訳。
「栄左衛門は石炭を見て、日本でも平戸島 *Firado* Island や四国 *Sikokf* の阿波 *Awa* や大和 *Yamatto* その他の地方で産出するといった」。原文（一二二頁）は、"Yezaimon, on seeing coal, said that Japan produced it in many places, as *Firado* Island, *Awa* in *Sikokf*, and *Yamatto*, besides others;" である。

これは「平戸、四国阿波、大和、その他」を並列しているので、訳文自体に問題があるわけではないが、八カ月前には、「四国には石炭なし」と栄左衛門が述べたのであるから、（4）と（5）のいずれかに注釈が望ましい。その親切心はなくとも許されるが、もし（4）と（5）の対比を行ったならば、訳者たちも、「本州＝*Nippon*」とウィリアムズは理解（誤解）していることに気づいたはずである。

ウィリアムズが初めて耳にする日本の地名や人名を耳で聞こえた通りに記述する姿は感動的ですらある（*Firado, Sikokf, Yamatto*）。いずれも話し手の発音を注意深く記録したことが分かる。アメリカ日本学はこのようにして、一歩一歩成果を積み上げたことになる。

（6）二六〇〜二六一頁の訳（四月一日）。
white に始まるこの小文は、black で終わる。
「歯を黒く染めた婦人がいたが、彼女たちは、笑えば笑うほどわれわれに嫌悪の情を催させた」。原文（一五四頁）は、"among them the women. with their black teeth, looked the more

"repulsive the more they laughed," である。ウィリアムズたちは、この日保土ヶ谷を散歩してお歯黒の女性をみかけ、見慣れない黒い歯に嫌悪の情を感じた。日本人は黒い肌に驚き、ウィリアムズたちは、黒い歯に驚いた。

（7）二七七頁の訳（四月二〇日）。

酌婦 *Houri* or *Hebe* は歯を黒く染め、眉を剃り落とすと、点呼に立つことはできなくなるようだ。女たちは必要に迫られてか、あるいはみずから選んでのことか、どちらからとも思うのだが、いつも群衆の後についていた。原文（一六七頁）は、"but a *Houri* or *Hebe* would never be able to stand roll-call after blacking her teeth and shaving her eyebrows. The women kept in the back of the crowd, as much from necessity as choice, I thought." である。おそらく芸者たちは、市中での客引きを禁じられていた。そこで異人見物行列の最後について歩き、客引きの機会をうかがったのではないか。

（8）二七九頁の訳（四月二一日）。

　きれいに着飾り、幅一フィートもある、釣り合いの取れた帯を締めて、背に背嚢を背負ったように結び、髪を頭の頂で平たく弓なりに美しく結い上げた三、四人の女性が入ってきて、一人一人に酒を注いで回った。老婆のお歯黒のはげた歯は、近くで見れば見るほどぞっとする。原文（一六八頁）は、"Three or four of the better dressed, with their full proportion of girdle, more than a foot wide, and a knot behind that looked like a knapsack, and the hair done up neatly with a bow knot flat on the top of the head, were brought into the room, and they poured out a cup of *saki* for each. The discolored teeth of the oldest became more repulsive the nearer one could see them."である。これは了仙寺でペリー以下少人数が幕府側の接待を受けた状況の記述である。着飾った芸者たちの年齢はよく分からないが、「老婆」がいたとは思えない。

the oldestとは、芸者たちのなかで最も年かさの年増芸者といったところではないか。discolored teethとは「お歯黒のはげた歯」ではなく、天然の白い歯を「変色させた歯」ではないのか。着飾って宴席に侍る芸者がお歯黒を整えずにいたとは思えないのだ。

補論2：田保橋潔著『近代日本外国関係史』に描かれたウィリアムズ像について

戦前日本におけるウィリアムズ評価

本章の脱稿後に、戦前の外交研究専門家・田保橋潔著『近代日本外国関係史』を読み、戦前の研究者がウィリアムズの役割について、調べていたことに気づいたので、以下に重要な記述を抜き書きしておく。ウィリアムズや白旗を忘れたのは、戦後の研究者たちが戦前の遺産を継承しなかったのだ。一九三〇年に出版された田保橋潔『近代日本外国関係史』[37]は、ウィリアムズについて、以下のように記している。

（1）アメリカにおける支那学の鼻祖。

「アメリカにおける支那学の鼻祖として聞こゆサミュエル・ウェルズ・ウィリアムズが遭難日本人と相識ったのは正に此頃で、彼らは破格ながら一通り英語を解して居たと云う。[38]」

（2）モリソン号の武装解除について。

「ウィリアムズは『仮に砲を搭載したりとて、如何なる場合にも、防御用武器として使用せざる事に固く決定し居たり』と注意して居るのは寧ろ賢明なる策である事を思はしめる。[39]」

（3）ビッドル海軍代将の直率する東印度艦隊コロンバス、ヴィンセンズの両艦が、一八四六年七月二〇日江戸湾口に出現したことについて。

「其『日本語に翻訳仕候上書』とは、合衆国大統領ジェームズ・ノックス・ポークより将軍宛の親翰訳文を指したものであるが、此訳文はかの**ウェルズ・ウィリアムズが漂民庄蔵、寿三郎の徒と会して作成したものの如く、半漢文・半日本文にして文義をなさない**事、かの文化元年ロシア国特使ニコライ・レザノフの齎（もたら）した国書日本語訳文と同一である。[40]」

（4）ペリーの浦賀来航について。

「ペリイ長官は……又在広東米国海外宣教団所属宣教師サミュエル・ウェルズ・ウィリアムズを新たに日本語通訳官として任用し、之を迎へんがため、サラトガを澳門に留め、自らミシシッピに搭乗し、澳門、広東を歴訪して五月四日上海に着し[41]」た。

（５）ペリーの船上会見について。

「当番与力中島三郎助は早速の機転を以て、自ら浦賀副知事と称し、其官職に相当する乗組将校との会見を請求するに及び、ペリイ長官も之に応じ、中島及び和蘭小通詞堀達之助の乗艦を許し、艦長室に於て、参謀コンティ海軍大尉、ウィリアムズ首席通訳官、書記（蘭語通訳）ポートマンと会見せしめた。[42]」

（６）ペリーの一八五四年来航について。

「艦隊が投錨するや……同艦に赴き、将官公室に於て、参謀長アダムズ海軍中佐、通訳官ウィリアムズ博士、秘書ペリイ、書記ポートマンと会見するを得た。[43]」

（７）ペリーの恫喝外交について。

「此種の条件は、一八五二年一一月いつか臨時国務長官代理訓示にも記載せられて居ないところである。ウィリアムズ通訳官は、ペリイの恫喝外交を以て、只管（ひたすら）自己の名声を昂めんとする人気取の手段であって、正義及び祖国の名誉を顧みざるものとし、いたく非難して居る。[44]」

（８）日米修好条約第九条最恵国待遇について。

「第九条、日本政府は、当節アメリカ人へ差し免じ候わず、外国人へ（その後）相免じ候節は、アメリカ人へも同様差し免じ申すべし。右につき、談判なお致さず候事。本条は最恵国待遇に関する規定で、もと通訳官ウィリアムズ博士の注意により、ペリイの最も重要視したものである。けだし合衆国政府が日本国開港に成功したとの報が一度伝播したならば、ロシア、フランス、英国政府は相次いで日本国との条約の交渉を開始すべく、日本国政府は歩一歩譲歩を免るる事を得ないのは自明の理であり、此際各国の獲得した特権に均霑しようとするものである。日本国全権は本条の意義を解する事なく、此貴重なる条約上の権利を無条件にて承諾し、永く自ら苦しむ事となった。」

（9）吉田松陰と金子重助の乗艦拒否事件について。

吉田と金子が「（ポウハタンに赴き乗艦を求めた際に）通訳官ウィリアムズ博士[45]は長官の命により両士を取調べ、彼らが本国の法規に反するを顧みず、海外に渡航して見聞を広め、以て祖国の民心啓発の任に当らんとする決心を有することを知り、其旨報告した。長官は吉田、金子両士の志を壮とし頗る同情したが、日本国法規を犯して彼らを伴ふ事は、神奈川条約の精神に反するものとなして之を許さず、在勤幕吏黒川嘉兵衛の認可を得て再来すべきを諭し、軍艦付属端艇を以て陸上に送還せしめた。後両士が自首投獄せられた事を聞知して、厳刑に処せらるる事なきよう、ベント参謀、ウィリアムズ通訳官等をして非公式に日本国官憲に勧告せしめたと云ふ。此事件はペリイ長官の厳正なる証として、頗る日本国官憲の感謝するところとなった。[46]」

（10）函館開港細則の協議について。

「松前藩には、英語、蘭語に通ずるものなく、主としてウィリアムズ通訳官の漢文筆談による外なかった。然るに同通訳官の漢学の素養十分ならず、雇支那人通訳羅森の力を須つ事甚だ多く、加之羅森が無責任なる舞文曲筆を意に介しないため、意外の誤解を惹起し、彼我共意志の疎通十分ならざるに苦んだと云ふ。」[47]
（11）下田追加条約について。
「神奈川条約に於ては、和・漢・蘭・英四カ国語文を作成したが、漢文は誤訳を起こし易い事、前回の経験によって証明せられ、幕閣よりも漢文使用停止を達せられて居たので、追加条約案は蘭文を基とし英文を作成した。」「当日ペリイは所労を以て上陸を中止し、条約英文に自署し、ベント参謀、ウィリアムズ通訳官に命じて、之を携帯上陸し、了仙寺に日本国全権を訪うて、条約日本文と交換せしめた。」[48]
（12）日露修好条約の交渉言語について。
「条約文の起案に着手したが、日本人、ロシア人共に対手国の国語を解せず、漢訳文・蘭訳文を添付する必要がある。漢文は儒者古賀謹一郎並びに通訳官ゴシケウィチ、蘭訳文は森山栄之助並びにポシェートが担任したが、以上四カ国語を完全に対訳するには多大の困難を感じた。古賀茶渓も吏文〔公文書用の文体〕を草するは長所にあらず、又屑しとせざるところである。加之俗吏の漢文を解するもの少なく、往々支障を生ずるため、幕閣は漢文を廃して和文を正文とし、聖堂儒官が命を奉じて和文を起案する奇観を呈した。更に漢文翻訳官ヨシフ・ゴシケウィチは、その学力アメリカ国通訳官ウェルズ・ウィリアムズを越えたと思はれるが、なほ『めくら漢文』の評があり、漢文起案のみならず、毛筆を以て漢字を書するに困難を感じた。しかもプウチャチンはアメリカ合衆国の例に倣ひ、漢訳文を要求するため不要の労を費やした。ゴシケウィチが漢訳文対校のため古賀茶渓を訪問するや、漢英辞書二種を携帯し、一字毎に字義を検して紛々論議し、聖堂儒官を悩殺するに近きものがあったと云ふ。」[49]

注

1　原著は *The Life and Letters of Samuel Wells Williams: Missionary, Diplomatist, Sinologue,*（伝道師、外交官、中国専門家）1889. 宮澤眞一訳は『S・ウェルズ・ウィリアムズ――生涯と書簡』高城書房、二〇〇八年。

2　以下ウィリアムズ父子が出てくるが、長い名なので、単にウィリアムズとは、父サミュエルを指し、父子を区別する時は、父をサミュエル、息子をフレデリックと略称する。

3　モリソン号には、ウィリアムズのほかに、ピーター・パーカー（一八〇四～一八八八）も乗船しており、ヘラルド紙にはパーカーによる報告があり、その日本語訳もある。"China, Journal of Mr. Parker on a Voyage to Japan," *The Missionary Herald,* June 1838, pp.203-208. 塩野和夫「ミッショナリー・ヘラルドの日本関連記事（1）」西南学院大学『国際文化論集』一〇巻一号、一八九～二一六頁。塩野和夫著『一九世紀アメリカンボードの宣教思想Ⅰ（一八一〇～一八五〇）』新教出版社、二〇〇五年三月。

4　宮澤訳、前書き二頁。

5　いわゆる白旗論争では言及されていないが、ウィリアムズについて記した文献はいくつもある。たとえば杉本つとむは『西洋人の日本語発見』（初版は創拓社、一九八九年、のち講談社学術文庫、二〇〇八年）はこう記している。「右のウィリアムズは衛三畏のシナ名をもつシナ語学者である。すなわち、S・W・ウィリアムズ（一八一二～八四）はアメリカの神学者、東洋学者である。ニューヨーク生まれ、ハイスクールを卒業して、工芸講習所で印刷技術を習得、アメリカ外国伝道会社出版主任となった。一八三三年、アメリカン・ボードの宣教師として、中国に趣き布教、広東でミッション・プレスの責任者となり、通訳としても活躍した。一八三六年、マカオで日本人漂流民にあい、彼らから日本語を学んだ。そして一八三七年にモリソン号で日本人漂流民を送るとき、日本語ができるというので、通訳として同船に便乗している。さらに一八五三年のペリーの浦賀来航の際もともとめに応じて主任通訳として随行し、久里浜や神奈川で日本側との応接に活躍。また *The Chinese Repository* を一八五一年の終刊号まで編集しているなど有力なシナ通であった。一八五八年九月、一時避暑のため長崎に来日しているが、特記することはない。晩年の約一〇年、イェール大学でシナ語を講義し、同大学の教授となった。アメリカでのシナ学の重鎮である。日本語については、アメリカの『東洋ジャーナル』(*Journal of the American Oriental Society*) に「日本の音節表（五十音図）についての覚書」（一八五一年）などを発表している。シナ語・日本語・琉球語などに関する論文もある」。「ちなみに息子はイェール大学の東洋史の准教授となっている。いずれにせよ、直接的な交渉はないまでも、シナや日本で活躍した新興の国、アメリカの宣教師たちの協力体制もまた見事であったことを推測させる」（学術文庫、三二五～三二六頁）。杉本はウィリアムズの子フレデリックまでは、紹介しながら、その教え子で講座を引き継いだ朝河貫一には触れていない。杉本はまたブラウンを紹介する形でウィリアムズに触れている。「［ブラウンは］マカオでは、聖書の翻訳を試みていたS・W・ウィリアムズとあい、彼を自分の家で七カ月同居させて親交をもった。その後、一八五九年、ブラウンは日本伝道のため来日することになるのだが、ホンコンで再び、ウィリアムズにあった折、ウィリアムズは自分の訳した『馬太（マタイ）福音伝』の訳稿をブラウンに委託した。これは漂流民原田庄蔵の協力により翻訳したものであった」。「しかし一八六七年、横浜の住宅が焼失、ウィリアムズから委託されていた『馬太福音伝』も焼失した（のち長崎の古書店で発見されたという。別の転写本か、真偽未詳）」（学術文庫、三四七頁）。

6 the complex and still very obscure historical process

7 朝河貫一によるウィリアムズ *A Journal of the Perry Expedition to Japan*（1853-1854）への書評。これは *The American Historical Review*, Vol.16, No.1（Oct.1910）, pp.136-137 に掲載された。末尾の史料を参照。

8 both Perry and Williams were to a large extent blind actors

9 本書の末尾に付した朝河貫一によるウィリアムズ『随行日誌』への書評を参照。

10 *A Journal of the Perry Expedition to Japan* (1853-1854). By S. Wells Williams, Edited by F. W. Williams. *Transactions of the Asiatic Society of Japan*, vol. XXXVII. part 2.（Yokohama: Kelly and Walsh. 1910. pp. ix, 259）

11 『中国叢報』一八三七年九～一二月号。

12 望月洋子著『ヘボンの生涯と日本語』はこう記している。「合衆国政府が、主として経済上の見地から、鎖国日本の門戸を開くべく駒を進めている時、キリスト者としての立場から、日本の開港を望んで冷静に行動を開始した人物がいる。モリソン号に同乗した若い宣教師S・W・ウィリアムズであった。一八三三年から中国にあって月刊『中国叢報』や『中国総論』の編集刊行に当たっていた彼は、砲撃を受けた一部始終を『中国叢報』に連載（一八三七年九～一二月号）した。当時二五歳の柔軟で聡明な見解はペリーの目にとまり、ウィリアムズは日本遠征の通訳官に任命され、日本の土を踏む初めてのアメリカ人宣教師となる」。「四〇歳をすぎて、ペリーと共に日本に上陸し、神奈川条約の通訳を無事に務めた彼は、その後も日本への関心と理解を抱き続け、一八五八年、軍艦ミネソタに便乗して長崎を訪れる」。「中国への施療伝導を志し、マカオでウィリアムズの家にしばらく泊まったというヘボンが『中国叢報』の記事を読んだのは、ほぼ疑いのないところである。ヘボンが廈門で中国語（福建地方語）を集めていた一八四三年から四五年にかけては、ウィリアムズも中国語（広東地方語）を集めて辞典編纂を計画し、同じく四五年に一旦帰米している」（新潮新書、三三～三四頁）。

13　高谷道男著『ヘボン』はこう記している。ヘボンはウィリアムズよりも三歳若い。「ウィリアムズはモリソン号帰航後、マカオのミッション印刷所で漂流日本人を世話していた。そして馬太伝と創世記とを和訳した。これらについては従来その原稿が横浜のS・R・ブラウンに届けられたのが、ブラウンの家の火災で焼失したと伝えられていた。しかし一二～一三年前、九州でこの『馬太福音伝』の原稿が発見せられた」。「七人の日本人中四人は天草の船員で、ルソンに流され、そこからマカオのギュツラフのもとへ贈られたもの、庄蔵・寿三郎・熊太郎・力松で、このうち庄蔵はたしかにウィリアムズの下で働いていたらしく、発見せられた原稿の『馬太福音伝』の最後の頁に左の如き手記がある。馬太福音伝於、道光三拾年正月吉日、是訳於ジイサアス一千八百五拾年――原田庄蔵、日本肥後国河尻正中島町茶屋。この馬太伝の原稿は横浜方面から出たものか、直接庄蔵の手から長崎方面に伝わったものか、明白ではないけれども、とに角ウィリアムズの日本訳聖書の原稿であることにはまちがいない」（吉川弘文館、一九六一年三月、一三六～一三七頁）。

14　ギュツラフ訳の冒頭は、次のごとくである。「ハジマリニカシコイモノゴザル、コノカシコイモノゴクラクトモニゴザル」。カシコイモノは神の訳語、ゴクラクは仏教用語だが、これでキリスト教の神の国を説明した。

15　春日政治『一八五〇年和訳の馬太伝』一九四八年。

16　ウィリアムズの中国語研究については、孔陳焱の『衛三畏与美国漢学研究』（上海辞書出版社、二〇一〇年九月）、第四章「衛三畏的漢語研究」が詳細な分析を行っている。その集約が一一年に渡る努力で完成した『漢英韻符』であった。*A Syllabic Dictionary of the Chinese Language, Arranged According to the Wu-Fang Yuen Yon, with the Pronunciation of the Characters as Heardin Peking, Canton, Amoy, and Shanghai*, Shanghai: American Presbyterian Mission Press, 1874.（漢字表記は『漢英韻符』）。これはクォート判、三段組一三三八ページの大冊で、一万二五二七の漢字を、北京、広東、厦門、上海の四種の方言で発音表記した百科全書であった。「鱒」は、「日本では鮭魚という」。「倭国」は「日本人の自称であり、Yamatoに相当する」といった間違った解説も付されている。なお、この過ちを孔陳焱は「倭国とは日本人の自称ではなく、中国人の日本に対する呼称」と訂正している（『衛三畏与美国漢学研究』、一二八頁）。

17　ウィリアムズの『生涯と書簡』を素材として、孔陳焱がまとめた「衛三畏生平年表」（『衛三畏与美国漢学研究』二四〇～二四九頁）から日本関係の記述を抜き書きし、再整理したものである。

18　宮澤眞一訳、四五五～四五六頁。

19　提督は彼らの目の前で米国側の条文に署名した。次に双方のオランダ語訳文を較べて、同一であると確認した後、交換された一通にはポートマン、別の一通に森山栄之助［和蘭大通詞］が署名した。……彼らのオランダ語訳文には、嘉永とともに西暦の年号を記しているのだから、中国語の訳文でも同じようにして欲しい、と僕は再度お願いしてみた。『我らが主、イエス・キリスト』の誕生後なん年、という西暦表現を使うのは、お断りしたい、と彼らは言い張るのだ。嫌なら使わなくてもよい、と提督が言ってくれたので、ようやく日本側は、彼らの日付だけを書き加え、松崎満太郎［幕府儒者］が署名した後、花押を入れた。米国側の中国語訳文には、僕が署名をしてから、相互の訳文を交換した。宮澤訳、二四八頁。

20　マカオ在住の日本人船乗りを相手に勉強した時期に、日本語語彙の短い原稿は、すでに書き上げていたので、これに加筆して出版準備をする作業は、この広東語の発音辞典［『英華分韻撮要』一八五六年〕を完成した段階で、すぐに取りかかれるはずであった。しかしながら、外国商館街の大火によって、『日本語語彙集』の原稿は、他の多くの可能性とともに、焼失してしまった。……ある一つの出来事〔大火〕さえなければ、この時点で、開国したばかりの日本に、彼のエネルギーが、方向転換したかもしれなかった。……日本遠征隊の通訳としての給金二一〇〇ドルにしても、さっそく協会本部の金庫に手渡している。宮澤訳、二六七頁。

21 宮澤眞一訳、四五五～四五六頁。

22 岸俊光『ペリーの白旗』毎日新聞社、二〇〇二年、一一頁。

23 岸俊光、一一頁。

24 加藤祐三著『黒船前後の世界』ちくま学芸文庫、一九九四年、一三三～一三五頁。なお、加藤『黒船異変――ペリーの挑戦』岩波新書、一九八八年。

25 宮澤眞一訳、一〇六～一〇七頁。

26 宮澤眞一訳、一一三頁。

27 宮澤眞一訳、一一四頁。

28 宮澤眞一訳、二二六～二二七頁。

29 畏友故川西勝との討論によってここまでたどりついた。

30 吉田松陰のいわゆる投夷書は、『全集』第一〇巻に収められた草稿によってかねてその内容は知られていたが、イェール大学スターリング図書館ウィリアムズ父子ペーパーズに現物が保存されていることが、陶徳民によって確認された。同図書館はいまホームページに写真版を掲げている。なお、陶徳民は気づいていないようだが、スターリング図書館のウィリアムズ文書に「投夷書」の原文および「添書」が残されていることを初めて紹介したのは、夜久正雄の「研究ノート、エール大学図書館・ウイリアムズ家文書の吉田松陰渡海密書二通について」（『亜細亜大学教養部紀要』一五号、五三～七三頁、一九七七年）であった。夜久はこの文献について詳細な検討を行っている。たとえば金子重輔の仮名市木公太（イチギ・コウタ）がIsagi Koodaとローマ字表記されたことについて「誤植であろう」としつつ、「しかし、英語の書物といふものは、誤植が少ないものなのに、偽名とは言へ重要な人名で二つの誤植があるのも、理解に苦しむ」と評している。市木の仮名の場合、差し出された文書には、カタカナのフリガナが付されていた。その「イチギ」が「イサギ」に見えるために、ウィリアムズはこのように表記したものと思われる。これは誤植というよりは、ウィリアムズがこの添書をそのように「解読した」結果であろう。『日本遠征記』にみられるKwansuchi Manjiは、夜久の指摘の通り誤植であり、ウィリアムズ『随行日誌』は、Kwanouchi Manjiと表記している。夜久の指摘をまつまでもなく、『随行日誌』はKuri-hamaをGori-hamaと表記するなど、誤解・誤記・誤植は少なくない。だが、これらはまさに手さぐりによる日本学事始めを示す貴重な試行錯誤の痕跡と理解すべきである。それらを一つ一つ丁寧に読み解く作業は、きわめて不十分と思われる。

31 陶徳民の英文論文 Negotiating Language in the Opening of Japan: Luo Sen's Journal of Perry's 1854 Expedition, *Japan Review*, 2005によって、ペリー第二回来航の際に、羅森の果たした重要な役割が解明された。

32 *A Journal of the Perry Expedition to Japan; 1853-54*, 1910.

33 この洞富雄訳は、一九七〇年初版、私が利用したのは一九八六年五刷である。かなり多くの人々によって読まれたようだが、誤訳、不適訳が少なくないと感じられる。本章の補論1を参照。

34 *The Life and Letters of Samuel Wells Williams: Missionary, Diplomatist, Sinologue*, 1889.

35 以下『随行日誌』と略す。

36 雄松堂新異国叢書、一九七〇年初版、一九八六年五刷、以下『洞訳』と略。

37 『近代日本外国関係史』初版、刀江書院、一九三〇年、のち一九七六年に原書房から増訂版刊行。
38 『近代日本外国関係史』三一五頁。典拠は *Life and Letter.* pp.83-84. *Chinese Repository,* vol.V,No.1, pp44, 228. である。
39 『近代日本外国関係史』三二〇頁。ウィリアムズの引用は *Chinese Repository,* vol.VI, No.5, p211. である。
40 『近代日本外国関係史』四一一頁。
41 『近代日本外国関係史』四四六頁。
42 『近代日本外国関係史』四七五頁。
43 『近代日本外国関係史』五八一頁。典拠は『幕末外国関係文書』第四、二二七〜二二八頁である。
44 『近代日本外国関係史』六一〇頁。典拠は、S. W. Williams, *Journal of Perry Expedition to Japan,* pp.121-123.『幕末外国関係文書』第五、一九六〜二〇二頁である。
45 ウィリアムズが博士号を得たわけではないが、松陰「投夷書」を的確に英訳した日本語・中国語の実力に敬意を表して、田保橋はここで「博士」と呼称したものと思われる。洞富雄訳は、この「投夷書」部分を読み飛ばしたことになる。
46 『近代日本外国関係史』六三九頁。典拠は『幕末外国関係文書』第五、六四二〜六五四頁。『墨夷(ぼくい)応接録二篇』、Williams, *Journal,* pp.172-175. である。
47 『近代日本外国関係史』六四〇〜六四一頁。典拠は『幕末外国関係文書』第五、四九二頁、ほか。Williams, *Journal,* pp.188-190.
48 『近代日本外国関係史』六四四頁。典拠は『墨夷応接録二篇』である。
49 『近代日本外国関係史』八〇九頁。典拠は『西使続記』安政元年一二月一七〜二〇日。

第4章　朝河によるウィリアムズの評価

はじめに——ウィリアムズの役割は通訳を超えてモデレーター

歴史学者、朝河貫一

朝河貫一（一八七三～一九四八）は旧二本松藩の砲術指南・朝河正澄の子として生まれた。福島県尋常中学（現、安積高校）を出て、東京専門学校（現、早稲田大学）文学科を出た。ダートマス大学タッカー学長の招きでダートマス大学に学び、ついでイェール大学大学院歴史学科を卒業、『大化改新』で博士号を得た。一九二九年に編集した『入来文書』によって歴史学者として不動の地位を築いた。

一九四一年一二月、日米開戦の前夜にラングドン・ウォーナー教授の示唆で「米大統領国書」の草案を起草した。書簡運動は成功せず、日米戦争の勃発をくい止めることはできなかったが、朝河のいわゆる市民外交は多くの有識者に強い影響を与えた。一九〇七年から四二年ま

朝河貫一

で、イェール大学で日本人として初めて教鞭を執り、引退後同大名誉教授となる。一九四八年の死から約六〇年後、二〇〇七年にイェール大学セイブルック・カレッジの一角に「朝河貫一ガーデン」が設けられ、そこに「Historian, Curator, Peace Advocate（歴史学者、キュレーター、平和の提唱者）」の三語が刻まれた。主著は *The Documents of Iriki*（『入来文書』）である。

「モデレーター」としての役割

朝河はウィリアムズ『随行日誌』への書評で、彼の役割を「モデレーター（moderator、調停者の意）」と評している。ペリーを含め日米当局者は、初めての出会いであるがゆえに、どのような言語を用いて、何から話をどのように進めるべきか、皆目見当がつかない手さぐりの状態で対話を始めた。この対話において要所々々で的確な判断を示しつつ成功に導いたのは、実はウィリアムズの智恵と洞察力なのであった。

ウィリアムズの役割を的確に評価できる人物は、日本はむろんのこと、アメリカでもほとんどいない。この状況で例外的な見識をもつ歴史家が朝河貫一である。朝河貫一は、ウィリアムズが切り開いたイェール大学東洋（中国）学講座の二代目にしてサミュエルの子でもあったフレデリックを師匠にもつ幸運に恵まれたからだ。

（1）師フレデリック・ウィリアムズとの交友

ウィリアムズ親子との交友

実は、朝河歴史学を少しでもかじった者にとっては常識なのに、遺憾ながら日本ではほとんど知られていない史実、それゆえ研究上の欠落部分となっているのは、父サミュエル・ウィリアムズの日誌を整理して公表した子フレデリック・ウィリアムズが、父のポストを継いだイェール大学の研究者（準教授）であり、朝河の指導教授であった事実である。

朝河の博士論文 *The Early Institutional Life of Japan*[1] を指導したのもフレデリックであり、また無名の朝河が *The Russo-Japanese Conflict*[2] を書いたときに「序文」を書いてアメリカ社会に紹介したのも、フレデリックなのだ。この師弟関係もあって、朝河は特に「ペリー遠征隊の真実」に関わる米国史料に通じていた。イェール大学に中国学の講座を創設したサミュエル・ウィリアムズの生涯、そしてペリー遠征記のさまざまな欠陥や、史実の歪曲に与しなかった『随行日誌』などアメリカ側の「第一級史料」を朝河は熟知していた。それだけではない。朝河は一九〇六～〇七年の第一回目の帰国に際して東大史料編纂所で幕府側史料を調べており、そのときに、後日『幕末外国関係文書Ⅰ』に収められることになる日本側の基本史料さえ調べていた。

朝河は一九四五年五月一三日付け書簡のなかで、「〔嘉永六年六月〕四日の会談[3]に同席した二人の役人[4]が書いた二つの日誌[5]と、英語を除く書簡とが現存しています。それらのペリー極秘書簡は、当時、幕府の老中たち以外には見せませんでした」と米国の親友クラークに書いている。この具体的な記述は、朝河が遊学中の東大史料編纂所で原史料を見ていることを示唆する。米国側原史料と日本側原史料とを対比しつつ、交渉経過を精査していた朝河は、このような綿密な史料調査を踏まえて、恩師フレデリックの編集した父ウィリアムズのペリー遠征『随行日誌』への書評を書いた。

ウィリアムズ『随行日誌』

朝河は、フレデリック編によるウィリアムズ『随行日誌』が出版されるや直ちに、恩師父子の本に対して書評を書いているのは、かねて出版計画を知り、出版後直ちに読んだからだ。掲載誌として、当時横浜で発行されていた日本アジア協会機関誌をフレデリックに紹介したのは、ほかならぬ朝河であった可能性も考えられる。というのは、朝河は博士論文『大化改新』の執筆に際して、この雑誌に掲載されたW・G・アストン訳の『日本紀』英訳版、B・H・チェンバレン訳の『古事記』英訳版を頻繁に引用しており、この協会の活動を熟知しており、朝河自身が一九一八年には、この協会に招かれて封建制について講演している[6]。

いずれにしてもフレデリックがこの掲載誌を選んだことに、日本からやってきた青年研究者朝河の存在が無縁だとは考えにくいのである。

朝河はいつ、どこで「ペリーの白旗」を知ったか

『隠されたペリーの「白旗」』の中で、三輪公忠教授は「朝河が、ペリーの白旗のことを歴史上の出来事として知るようになったのは、これら前後二回にわたって東大史料編纂所で研究をしていたときという[7]ことは十分に考えられることである」と推測している[8]。この推測は妥当であろうか。

三輪は、ペリー提督の通訳官サミュエル・ウィリアムズとその子フレデリック・ウィリアムズがいずれもイェール大学中国学の教員・研究者であったこと、朝河が *The Early Institutional Life of Japan*（邦訳『大化改新』）を書いて歴史学の博士号を得たとき、その指導教授はフレデリックであったことを失念しているようだ。さらに、朝河が一九〇五年に *The Russo-Japanese Conflict* を書いたときに、序文を書いて無名の朝河を紹介したのもフレデリックであることに気づいておられないように思える[9]。

初期朝河の二冊の本は、いずれもフレデリックの指導のもとに書かれたのであり、そこから両者の師弟関係が分かる。フレデリックは朝河よりも一六歳年長であった。プリンストン大で博士号を得た三輪が、フレデリック師と学生朝河の関係に目が届かないのは不可解である。

フレデリック・ウィリアムズ

フレデリックが父ウィリアムズの日誌を『随行日誌』として整理して公刊したのは、一九一〇年のこと、掲載誌は *the Asiatic Society of Japan* の三七巻二号であった。発表以降、英語世界の読者にとって、ペリーとウィリアムズの記録の違い、対日交渉の真相は明らかとなった。

雑誌掲載までには、父ウィリアムズの死去した一八八四年二月一六日から**二六年**もの年月が経っている。父の資料類の整理を終生の課題とした子フレデリックにとって、いささか「仕事が遅すぎる印象」を否めない。フレデリックはアメリカ草創期の東アジア研究者としては恵まれた生い立ちにありながら、イェール大学では准教授にとどまり、弟子の朝河と違って正教授にならなかった経過があるが、これは父の遺産が大きすぎて、その学問的な整理の課題が重すぎたことによるかもしれない。

発表が遅れたもう一つの理由は、推測だが、事実関係の確認のために朝河による幕府側史料の点検をフレデリックは待っていたのではないか。日米関係への深い洞察を含む記録の編集に際して、父のような直接体験をもたないフレデリックが朝河のさまざまな協力を仰いだのではないかという推測を著者は押さえきれない。少なくとも朝河は、『随行日誌』の公表に先立って、フレデリックから史料整理について、特に交渉の相手・日本側の事情について相談を受けていた可能性が強い。前出のとおり、朝河は一九〇六〜〇七年の帰国時に、日本側の対応する文献を調べていた。この朝河の史料調査を踏まえて、フレデリックの編集作業が完成したと私は読む。

（2）朝河によるウィリアムズの評価

朝河の「白旗」理解

時代が飛ぶが、一九四五年五月一三日付けG・G・クラーク宛ての朝河書簡には、はっきりと朝河の「白旗」理解が述べられている。

「一八五三年にペリー提督は将軍の幕府に宛てて、通商を禁じた幕府の伝統的な政策は、「天理」を犯す「極悪犯罪」である故、アメリカの大艦隊が通商を求めに来航するであろう。アメリカ艦隊が大挙して押し寄せたら、日本はどうして交易禁止などできよう。アメリカ側は納得できる説明を断固求めるはずだ。その勝利は明らかである。そのさいに、もし貴国が降伏を望むのであれば、ここで一緒に送る二枚の白旗[11]を掲げよ、そうすれば砲撃はただちに止むであろう、と書いています[10]。これは、六月四日に幕府の役人に対して口上で[12]伝えられました。この趣旨を正確に記した英語・中国語・日本語の三通の書簡の形でおよそ五日後に[13]、それらは**箱に収められた白旗とともに**届けられました[14]。

四日の会談に同席した**二人の役人が書いた二つの日誌**[15]と、英語を除く書簡[16]とが現存しています。それらの書簡は当時、幕府の老中たち以外[17]には見せませんでした。」（強調引用者）

朝河がこのように「白旗」について具体的に書いた根拠はなにか。朝河は『開国起源[19]』および『幕末外国関係文書[20]』という二つの史料を挙げて、後者については「まもなく公刊されよう」と付記している。朝河がこのように書いているのは、東大史料編纂所で編集作業が進行中であることを確認してのことだ。

ここで問題は、朝河が「四日の会談に同席した二人の役人が書いた二つの日誌と、英語を除く書簡とが現存」と、なぜここまで的確に読めたのかであろう。その論拠となったのが、ウィリアムズの『随行日誌』および『生涯と書簡[21]』である。朝河は前者が公表されるやただちに「書評[22]」を書いている。この書評を読むと、白旗問題の顛末は一目瞭然だ。

『随行日誌』書評

朝河がこの書評で言及したのは、以下の要点である。

・通訳ウィリアムズ自身は謙遜しているが、その役割は非常に役立つものであった（great usefulness）と評価できる。貢献の内容がこのウィリアムズ『随行日誌』に反映されている。

・通訳ウィリアムズの日本語能力が論点の一つとなったが、彼は二〇年近く極東に住み、「中国語に精通する」とともに、「日本語についてある程度の知識（some knowledge）を習得していた」。

・通訳ウィリアムズは、「内に籠もりがちな日本」と「強引な軍人外交家ペリー」の間で「極東事情に通じた唯一のアメリカ人」として「調停者の役割」を果たした。

・ウィリアムズ日誌の「見どころ」が、「ペリーの横柄な作風」を活写しつつ、ペリーの軍人作風に対して「自由かつ率直に」にコメントを付した点にあることを朝河は読み取っている。

この最後のコメントは、われわれ日本人がペリーの公式遠征報告書やその日誌を読むうえで恰好の指針となるはずのものだが、そうした努力はほとんど行われなかった。白旗書簡をめぐる誤解の連鎖反応は、まさに朝河のこの示唆を無視した結果である、と著者は確信している。

・ペリーの遠征は、日米双方にとって異国との初めての交渉であるから、意図的な省略か、あるいは無意識のものかは別として、ペリーもウィリアムズもかなりの程度まで、「手さぐりの交渉を続けざるをえなかった状況」だったということに、朝河は特に注意を喚起している。

・ペリーの獲得した「予期した以上の成果」は、どこから得られたかについて、朝河は「アダムス船長と浦賀奉行との交渉」を挙げている。船長と奉行との交渉を仲介し、通訳したのは、むろん首席通訳ウィリアムズであった。

・ペリー側が「期待しつつも実現できなかった」ものとして、①将軍との会見や、②フィルモア大統領宛ての天皇親書（国書）を得られなかったことを指摘している。

・ペリー遠征の功罪を論じるうえで、『ウィリアムズ日誌』がいかに役立つ史料であるか、そのかけがえのない価値を指摘して朝河は書評を結ぶ。

さて、このような朝河の研究に導かれて問題の所在を考えると、論議が錯綜した白旗問題の真実は容易に解けてしまう。つまりペリー遠征記には、さまざまな描写の欠陥や史実の歪曲が含まれており、モデレーターたるウィリアムズの役割を媒介項として挿入することなしには、「白旗書簡」交渉劇の真実は見えてこないのである。

これは朝河が一九一〇年の時点で基本的に解決していた課題なのだ。後学たちが百年後に「白旗」をめぐって、ほとんど無意味な論争を行ったのは、彼らの「知的怠慢」というよりは、先達の到達地点を無視してきたことにより知的復讐を受けたにすぎない。まことに真の学問ほど恐ろしいものはない。

注

1 朝河貫一の学位請求論文のコピーは、日本では大阪外国語大学附属図書館に所蔵されている（整理番号〇〇〇四九四二三〇六）。これはアメリカ・ミシガン州アナーバーにあるA Bell & Howell Company, UMI Dissertation Servicesが作成したコピーである（UMI Number 9921314）。原タイトルは*The Reform of 645: An Introduction to the Study of the Origin of Feudalism in Japan*であり、扉の下部には、These is submitted for the Degree of Doctor of Philosophy. K. Asakawaとタイプされている。この資料から朝河貫一の学位請求論文の原題が「西暦六四五年の改革、日本における封建制の起源の研究への序論」とされていたことが分かる。この論文により朝河貫一がPh.D.を授与されたのは、一九〇二年六月一六日であった。この学位論文が出版されたとき、その書名は*The Early Institutional Life of Japan*と改められ、これに「大化改新」の漢字四文字が付された。中扉の書名には、A Study in the Reform of 645 A.D.というサブタイトルが付され、著者K. ASAKAWA, Ph.D. The Hadley Scholar of Yale University（1902～1903）, and Lecturer on the Far East at Dartmouth College, U.S.A.の肩書で紹介されている。出版時期について扉にはWaseda University 1903と書かれている。この本には日本語の奥付もあり、「明治三七年（一九〇四年）四月一日印刷、四月四日発行」の奥付である。著者兼発行者は朝河貫一自身であり、その住所は東京府下豊多摩郡戸塚村六四七番地である。印刷者は森潤二で、住所は東京市牛込区市ヶ谷加賀一丁目一二番地である。印刷所は印刷者と同じ住所の株式会社秀英社第一工場で、発行所は早稲田大学出版部である。邦訳は、矢吹晋訳『大化改新』柏書房、二〇〇六年七月。

2 『日露衝突』の英原文は、*The Russo-Japanese Conflict, its causes and issues*, with an introduction by Frederick Wells Williams, xiv, 383p. Boston and New York, Houghton Mifflin; London, A. Constable &

Co., 1904. 矢吹『ポーツマスから消された男——朝河貫一の日露戦争論』東信堂、二〇〇二年に一部を紹介した。
3　旗艦サスケハナ号での船上会談。
4　浦賀奉行支配組与力香川栄左衛門と通詞堀達之助、同立石得十郎を指す。矢吹注。
5　香山栄左衛門の「上申書」と立石得十郎の「覚書」を指す。
6　講演「日本の封建制について」、原載 Some Aspects of Japanese Feudal Institutions, *the Transactions of the Asiatic Society of Japan*, 1918. 邦訳『朝河貫一比較封建制論集』八～二七頁所収。
7　一九〇六～〇七年と一九一七～一九年。
8　三輪、一四九頁。
9　たとえば『書簡集』八〇七頁下段の注（書簡四三号の注七二）には「ウィルリャムス氏。Frederic Wells Williams（一八五七～一九二八）はイェール大学の東洋史講師（一八九三～一九〇〇）、東洋史助教授（一九〇〇～一九二五）。それ以後は昇進なく退職。朝河のイェール大学大学院入学当時は助教授で朝河の著 *Russo-Japanese Conflict* に序文を書いた」と明記されている。
10　wish to capitulate
11　the two white flags he was sending there with
12　said to officials
13　was sent about five days later in three letters of this exact import, English, Chinese, and Japanese
14　arrived together with the flags in a box
15　two diaries by two officials who took part in the interview of the 4th
16　the letters except the English
17　no one at the time but to the inner councilors

18 『朝河貫一書簡集』早稲田大学出版部、一九九〇年、六七五頁。p.154, *Letters Written by Dr. K. Asakawa*, Waseda University Press,1990.

19 *the Kai-koku Kigen*, I.『開国起源』勝安芳（海舟）著、吉川半七、明治二六年

20 *the Baku-matsu Gwai-koku Kwan-kei Mon-zho*, I.『幕末外国関係文書Ⅰ』大日本古文書シリーズ、帝国大学史料編纂掛編、明治四三年三月刊。

21 Samuel W. Williams, First Interpreter of the Expedition, ed. By his son Frederic W. Williams, A Journal of the Perry Expedition to Japan, *Transactions of the Asiatic Society of Japan*, XXXVII, part2, Tokyo, 1910.（洞富雄訳、東京雄松堂書店、一九七〇年七月、新異国叢書、五五三頁）、*The life and letters of Samuel Wells Williams* New York and London, G. P. Putnam's sons,1889（宮澤真一訳『S・ウェルズ・ウィリアムズ生涯と書簡』高城書房、二〇〇八年、五四一頁）。

22 K. Asakawa, A Journal of the Perry Expedition to Japan（1853-1854）by S. Wells Williams; F. W. Williams, *The American Historical Review*, Vol.16, No.1（Oct.,1910）, pp.136-137（review consists of 2 pages）

第5章　「白旗」論争

はじめに――無言劇に始まり、悲喜劇が続く

ナショナリズム感情を揺さぶる論争

一六〇余年前の日本開国史をめぐって、二一世紀初頭の日本でくり返されている田舎芝居は、何を意味するのか。ペリー艦隊の旗艦を飾った星条旗をミズーリ艦上に掲げてマッカーサーが日本の降伏調印式に望んでから、すでに七〇年。白旗と白旗文書は、ほとんど亡霊のごとくに、左右、中道の歴史家たちを翻弄し続けている。右も左も真ん中も含めて、歴史家・評論家たちがこのように揺れるにつれて、国民のナショナリズム感情も揺れる。

いまこそ、日米開国における「ウィリアムズの役割」に光を当てるべきであり、その応対に当たった幕府役人の知恵を再考すべき秋である。「白旗授受」の経緯を最も的確に論評した朝河貫一の歴史学を繙くべきである。歴史学の光こそが日本の行方を照らす。

私自身はたまたま朝河史学をかじる過程で、白旗問題の真相に気づいた。そこから、朝河の師フレデリックおよびその父ウィリアムズに興味を抱いたにすぎないが、モデレーター・ウィリアムズの貢献を未だに正当に再評価できないのは、二一世紀の日米関係の行き詰まりと無縁ではあるまい。あえて日米関係の原点に一石を投ずる所以である。

(1) 白旗書簡は偽文書か、覚書か

若井敏明「ペリーの白旗書簡について」

著者は白旗撫恤本を「偽文書」と批判する論者たちに対して、これはウィリアムズの「通訳メモあるいは覚書、添書」と名付けるべき文書とみてよいことを、以下の分析で論証することにする。不覚だが、その作業の最終段階に到達してようやく著者の考えに最も近い論文に接した。それは若井敏明教授の「ペリーの白旗書簡について」である。[1]

この若井論文は、投稿の日時(二〇〇二年一〇月二九日)から察せられるように、松本健一『白旗伝説』(講談社学術文庫、一九九八年)、大江志乃夫『ペリー艦隊大航海記』(朝日文庫、二〇〇〇年)、宮地正人『歴史評論』(論文、二〇〇一年)、三輪公忠『UP』(論文、二〇〇一年)、秦郁彦『諸君』(二〇〇二年二月号)論文までをレビューしたものであり、投稿後に出た岸俊光・毎日新聞記者の『ペリーの白旗』(毎日新聞社、二〇〇二年一一月)は参照していない。

若井は「幕末史を専攻しているわけでもないのに、ペリーの白旗問題について私見を述べてきた」と謙遜しつつ、次のような優れた結論を導いた。

曰く、「いわゆる白旗問題なるものは、六月四日の日米交渉の過程で生まれた覚書である可能性が高い」、「そこで示されたペリー側の態度には武力行使を正当化する脅迫的姿勢がみえるのは否めない」[2]。この二カ条に即して、朝河貫一の指摘を組み合わせて考察すれば、白旗問題は全面的に解決できたはずであった。

若井論文が優れている理由は二つ上げられる。一つは、戦前期の関連文献を検討していることだ。すなわち、私のいう撫恤本の要点が、以下の書籍に言及されている。すなわち①大森金五郎著『大日本全史』下巻、一九二二年、②大隈重信（名義）著『開国大勢史』一九一三年、③栗田元次著『新修綜合日本史概説』下一九四三年、④『概説維新史』一九四〇年、等の四点である（拾おうとすれば、ほかにも発見できよう）。

これらの著作が描く白旗問題の記述を導きとして、若井論文は、優れた結論に到達した。戦前期には白旗差出を史実として肯定する認識は、いわば**常識に近い認識**なのであった。たとえば第1章で紹介した島崎藤村の『夜明け前』の一節は、その代表と見てよい。

若井論文のもう一つの長所は、白旗書簡の史料系統を整理して、その原型に迫る方法論が明確なことだ。書簡文そのものと書簡文に関する風説とに分けて、後者には書簡の由来や翻訳者を列記した「名前書」を持つものと持たないものがあることに着目して腑分けした。その方法意識は評価するが、結局『町奉行書類』所収「亜美利加極内密書写」が「最も原型に近い」[3]と結論し、「蘭船本」を肯定したのは、九仭の功を一簣に欠く誤りだ。

若井論文は、「史料系統」の分析を踏まえて、次に白旗書簡の「内容」を次のように検討した。「ペリーがオランダとの関係を強調することは到底考えられない」、「オランダ船がもたらした情報は何だったか」を追求して、「オランダ船の情報とは、諸方の通商是非に希うに非ず」の部分と読む。そして天理に背く罪とは、「漂流民の取扱いについて言及されていた可能性もたかい」と括弧書きしている。[4]

こうして書簡内容の分析とその漏洩過程（西丸の徳川家定御小姓久留金之助周辺から漏洩して記録に留められた）の検討から、若井が偽文書説を否定した判断を私は高く買う。[5] 若井による以上の行論は、きわめて妥当なもので、強い説得力をもつ。幕府側の史料の検討としてはこれで十分であろう。

ただ一つ欠けるのは、私のいう**蘭船本を最も原型に近いもの**と誤認したことだ。やはりキーワードが肝心だ。「撫恤というキーワードを**含み**」、「蘭船より申し達しの候なる一句を**含まない**」テキストを選ぶべきである。

もう一つ欠けるのは、朝河貫一が「通訳を超えてモデレーターの役割」とまで高く評価した通訳**ウィリアムズの役割**についての記述が欠如していることだ。

日米双方の記録を対照して、日本側認識の欠落部分を埋める作業は、およそ百年前に朝河貫一によって行われていたにもかかわらず、その成果を日本史家たち（日米関係論専攻者を含む）が無視してきたために、百年後の今日、悲喜劇を繰り返していると私は批判する。ペリー艦隊来航は、明治維新の直接的契機の一つであるばかりではなく、それ以後の日米関係の原型でもある。[6]まさにこの原型・原点の認識において、われわれは未だに真相に到達しているとは言えないのだ。歴史家たちの「頭脳の開国」こそが、いま求められている。

ウィリアムズに対する評価の欠如――松本健一『白旗伝説』

まことに宮澤眞一『サミュエル・ウェルズ・ウィリアムズ――生涯と書簡』の指摘するように、[7]「ペリーの白旗」論争においては、一部の例外を除いて、ウィリアムズに言及したものはきわめて少ない。

たとえば松本健一『白旗伝説』[8]には、ウィリアムズの姿は影も形もない。これは松本が徹頭徹尾**日本語文献だけ**で「日米問題を扱った」ことを示唆する。すなわち松本には、「通商開国か、戦争か」、「降伏か、否か」の二者択一しかない。これが松本の白旗トラウマだ。「ペリーによる隠蔽」によって「見失われた白旗」問題を「発見した」と得意満面、アカデミズムが無視してきた「白旗問題を発見した」と繰り返し自慢するばかりだ。自慢の挙げ句に松本が陥るのは、センチメンタリズムであり、ここに松本の貧しい考察が露呈されている。

「あえていえば、それらの『白旗』は、会津といい、沖縄の少女といい、そのときどきの日本の歴史において、もっとも過酷な運命を背負わされたものたちがかかげさせられたものではなかったろうか。そう考えると、白旗は『文明』が『野蛮』なる敗者に対してかかげさせる旗ではなくて、歴史においてもっとも過酷な運命を背負うものたちが、その運命のあまりの重さに負けてかかげる旗だったのかもしれない、という想いがわたしに沸いてくるのである。ペリーが幕末の日本を文明化すべくもたらした『白旗』を、明治元年の会津藩と昭和二〇年の沖縄の少女が日本それじたいの代わりにかかげさせられたのだ、と」[9]。

私自身は、一時は旧会津藩、二本松藩に預けられたこともある奥州旧守山藩の出身だから、旧会津藩や二本松藩の悲劇を熟知しているし、復帰前の沖縄も旅しており、沖縄の苦難も承知している。二つの悲劇は私なりに理解しているつもりだが、「ペリーの白旗」についての、松本の考察の最後の感想がこのようなセンチメンタリズムでは、黒船による開港の意味、そこに始まる世界と日本との新しい関係の意味を考察する上で、日本ナショナリズムを煽る以外には、何の役にもたたないのではないか、と疑問を感ずる。

不十分な史料分析

ペリー来航を契機とする日本の開国とは、そもそも**日米関係**なのであるから、日本側史料だけでは絶対に解けない。米国側史料との照合が不可欠である。論者がすべて米国側史料を無視しているのではない。彼らなりに、いちおう参照はした形なのだが、眼光紙背に徹する読み方をしないので、文字面のみを追う。その結果、史料を読みきれていないのだ。

高名な入江昭教授のような日米関係論の専門家中の専門家でさえも日米関係の原点に関わる史実について、不正確な認識しかもっていないとすれば、戦後の日米関係が歪んだ構造に陥るのも当然かもしれない。スタート地点が「つまずきの一歩」と化したように見える。

朝河貫一は、原史料を読み抜く作業を「百年前にすでにやり遂げていた」のであるから、朝河史学に学ぶことが必要なのだ。朝河史学から何も学ばず、限られた史料と勝手な思い込みから、米国側の思想と行動とを理解することなしに、身勝手な結論を導く歴史家たちに猛省を促す次第である。むろん、これは日本の歴史家たちだけの責任というよりは、日米双方の研究者たちに正確な認識が欠けているのであり、ワイツゼッカー流にいえば、「過去に盲目な人々は、現在も未来も正しく認識できない」のである。これは古今東西の真理だ。

（２）白旗書翰偽造説

宮地正人主張の誤り

白旗書簡「撫恤本」の成立を、第２章で見たようにウィリアムズのメモであり、六月四日に口答で、その後九日に現物と、「二段階に分けて渡された」ものと解すると、これを「明白な偽文書」と断定するだけに終始する東京大学史料編纂所所長・宮地正人教授[10]（当時）の主張[11]の誤りが明らかになる。

第一に宮地は書簡の文面だけを扱い、「白旗という実物」を一切無視している。ペリーが「白旗二枚を差出した」という「**恫喝行為**」が重要であり、書簡あるいは添書・覚書は、その「説明書き」にすぎないのだ。「説明書き」の欠陥だけをあげつらうのは、本末転倒ではないか。真に問うべきは、**白旗差出の有無**であり、そこに込められた意味なのだ。宮地の議論には「木を見て森を見ない」欠点が随所に露呈している。慎重な歴史家が右派教科書との対決を急ぐ余り、勇み足を演じたものか。

宮地は白旗差出の事実を否定するが、では六月九日に久里浜で捧呈された「箱が二つ存在した」という記録をどう説明するのか。そもそも松本も宮地も「二つの箱」という重要な事実に着目しないのは、「最も根本的な状況証拠」を見落としたものと言わなければならない。白旗差出とはノンバーバル・コミュニケーションであり、この「**差出行為**」が最も重要なのだ。

第二に宮地は白旗書簡文面における不自然な箇所として、「蘭船より申し達し候の通り」の記述をあげる。これはおそらくペリー艦隊到着の報が事前に蘭船から予告されたことを踏まえた挿入句であり、「流布の過程で**挿入された**もの」と解するほかはない。ペリー書簡に書き込まれるのは明らかに不自然である。この記述は「蘭船本」にだけあり、「撫恤本」にはない。

ここから本書の著者は、初めに「撫恤本」があり、その趣旨説明のために、「蘭船本で書き加えたもの」であろうと推定する。

書簡に**前田肥前守**の名が見えるのは不自然という指摘も、専門家の高見として認めよう。しかし別のバージョンでは筒井肥前守[12]であり、矛盾はない。文書の流通について、「八月以降に現れ、九月に各地方に伝播された」という知見も専門家ならではものだ。ところが、宮地はこれらの特徴をもとに「偽文書」と断定してしまう。

だが、宮地も書いているように、「偽文書論が往々にして面白くないのは、白か黒の決着にだけ固執して、グレーゾーンを問題としないからである」。では「偽文書の方が本物より信じられたのはなぜなのか」[13]。このコメントはまさに宮地論文への批評として最適ではないのか。宮地は白旗書簡の瑕疵を指摘して「偽文書」と断定してしまい、「面白くない」論文に熱中した。「偽文書の方が本物より信じられたのはなぜなのか」——宮地はまさにそれを問うべきなのだ。

フィルモア国書とペリー恫喝の違い

ここで基になった「撫恤本」とは、ペリー「第一書簡」の精神を踏まえて通訳ウィリアムズの書いたメモ、すなわち、ペリー第一書簡の「趣旨説明（要旨）」だからこそ信じられたのであり、これ以外に理由は見出せまい。

なるほど宮地は「六月四日対話書」[14]と「白旗書簡」について「両者の文章を比較すれば、その相似性は明らかである」と重要な指摘を行いながら、「〔徳川〕斉昭に近い前田夏蔭の名が出ているが、偽文書というものはなんらかの痕跡を残す」と偽文書性の論証に関心が向いてしまう。宮地には初めに間違った断定がある。ペリーの通訳ウィリアムズに「皇朝古体文辞が書けるはずはない」という前提から出発するので、ウィリアムズの日本語能力を具体的に検討することをしない。彼が後日イェール大学に迎えられ、中国学の初代教授に就任するほどの研究者であるところまでは視線が届かない。国史家の視野狭窄の典型であろう。

最後に宮地はこう結ぶ。「この文書を偽文書として確認した上で、しかもその上で日本の開国という未曾有の事態に直面した武士階級を含む三千万の日本国民の恐怖と不安、そして見通しのたたないものへの激しい苛立ちを理解させるための恰好の材料として、我々はこの史料を活用していかなければならないのである」[15]。

話はあべこべではないのか。「国民の恐怖と不安」「激しい苛立ち」がこの文書に滲むことは確かだが、「書簡の核心」は、むろん「ペリーの恫喝」ではないのか。現実の白旗差出こそが恫喝のシンボルなのだ。

宮地はせっかく白旗書簡の原型が「六月四日対話書」にみられることを認識しながら、そのペリーの恫喝から目をそらして、「恫喝におののく側の不安と苛立ち」しか読み取れないのである。これは偶然ではない。白旗を「降伏勧告」ではなく、まるで「友好の象徴」であるかのように錯覚しているからだ。

「フィルモア親書に**書かれた思想**」と「ペリーが実際に行った**恫喝**」とは似て非なるものだ。その緊張関係は、朝鮮戦争期に原爆投下を主張してトルーマン大統領から解任されたマッカーサーのケースと酷似したところがある。フィルモア大統領からピアース大統領への政権交代、数年後に勃発した南北戦争を視野に入れてこそ、アメリカの東アジア政策の変化を的確に理解できよう。

宮地に欠けているのは、まさにその視点である。

宮地・三谷・山本が見逃した点

宮地正人教授は、前述のように白旗書翰偽造説の大御所である。歴史研究会のリーダーとして、「新しい歴史教科書をつくる会」を批判し、「白旗書簡は偽文書だ」と断言し、大きな影響を与えた。その権威にひれ伏して、『新教科書』は白旗コラムを撤回した。

宮地はこう論じた。

「この書簡（注・白旗書簡）を正しいと主張するためには、ペリーが日本側に『日本語古文の書簡を送ったこと』を論証しなければならず、さらに、ペリーは江戸湾停泊中に英文書翰を書くのであるから、この時点で、ペリーの側近に、『日本語古文への翻訳を流暢にできる者が存在していたこと』を立証しなければならない。」[16]

宮地は「ペリーの側近に、日本語古文への翻訳を流暢にできる者が存在していたこと」を立証せよと書いたが、「ウィリアムズの存在」はまるで眼中にない。

同じく偽造説に立つ三谷博東大教授[17]は、『ペリー来航』[18]の中でこう評した。

「（ペリーは）日本語と中国語の通訳としてウィリアムズを中国で雇い入れていた」、「彼は在清宣教団の一員で、かつてモリソン号で浦賀に来たことがあった。その時、送還に失敗した日本人漂流民から日本語を習っていたが、再来までにはかなり忘れていた。」[19]

三谷はこう続けた。

「日米の間に直接言語が通じなかったことは（…）日米交渉に際して、アメリカが日本側に降伏の印として白旗を交付したという説に根拠がなきことも示している。」

「この説の依拠する史料は、アメリカが日本側に皇朝古体文辞の文書を渡したと述べているが、当時、ペリー艦隊には、日本人漂流民を含め、そのように高級な日本語を綴れる人物は乗船していなかった。」[20]

三谷はウィリアムズのモリソン号体験、日本語の学習歴には注目したものの、「高級な日本語を綴れる人物」とは見なさなかった。実はここに落とし穴がある。

内容を問わぬままに、一方で「皇朝古体文辞」と評しつつ、流布された白旗文書を並べるから、ウィリアムズの手に余るはずと即断してしまうのだ。

山本博文東大史料編纂所教授の『ペリー来航』（小学館、二〇〇三年）も同じ偽文書説の立場をとっている。「白旗を交渉のしるしと説明し、江戸湾を測量する船にも白旗を掲げさせたことは事実」、「しかし、これとペリーが実際にそのような文書を渡したかどうかということは別問題である」と両者を峻別してしまう。

こうして宮地・三谷・山本ら東大系歴史家は、偽文書説に凝り固まっていて、日米交渉の恫喝現場から目を背け、その論理は随所で破綻している。

白旗文書はウィリアムズによる添書き

「皇朝古体文辞」は幕府側が「解読した結果をまとめた文書」であり、元の白旗文書は、ウィリアムズの「通訳メモ」あるいは、「添書き」であり、その原文は、辛うじて文意が読み取れる程度の文章であった可能性が強いのだ。

「皇朝古体文辞」の呼称を絶対化して、直ちに「高級な日本語文体」をイメージするのは、現実に行なわれた「手さぐりの対話」という現実にまで想像力が及ばないのであろう。
ウィリアムズの書いた「皇朝古体文辞」とは、幕府の専門家が辛うじて解読できる程度のレベルであったに違いないと考えてよい。今日の白旗文書の形で、文意を解読できたのは、「漢語訳」が付されていたからだと考えるべきだ。

いわゆる「皇朝古体文辞」とは、前後の脈絡から判断して「カタカナ書き文語調」の文（一部に漢字を含む）を指すものと解される。「国法、撫恤、天理、通商」といった漢語の語彙は、漢訳を用いれば代用できる。これらのキーワードをつなぐ部分をカタカナ書きして、しかも「ナリ、ケリ、ベシ、ゴトシ」などを文末に補った文語調の文体、これこそが「皇朝古体文辞」「皇朝古文言」と評された覚書の実体ではないか。

すでに漢語訳はできているのであるから、これに付した「テニヲハ」の助詞類が間違っていたとしても、基本的な意味は十分に通じる。繰り返すが、カタカナ文語調の文（漢語が部分的に挿入された可能性あり）が、「皇朝古体文辞」なのだ。

宮地は「白旗書簡は当時の日本人の**妄想が作り出したものだ**」（強調引用者）とするが、妄想でさえも「虚空からは生まれない」ことに留意されよ。「漂流民を撫恤しないこと」が「天理に背く」といった人権思想は、幕末の日本人にはない発想であったことの意味を宮地は再考すべきなのだ。「妄想さえすれば何でも書ける」という認識は、間違いではないか。人々の思想が時代の制約を受けている点に着目しない歴史家を私は疑う。

『随行日誌』に見られる日本語を介したコミュニケーション

ウィリアムズは、黒船に乗ってやってきた段階で、本当に日本語を「かなり忘れていた」のだろうか。ウィリアムズ自身の日誌を調べて見よう。[21]

・最初の船上対話全体を通じて、これらの日本人の物腰は威厳があり、冷静沈着であった。栄左衛門ははっきりした口調で語り、達之助がそれをポートマン氏のためにオランダ語に翻訳した。私には彼らのいうことがほとんどすべて分かった。

・しかし、そのような武家言葉で話そうとすれば、かなりの訓練が必要であったろう。幕府側に私の日本語よりもはるかにうまくオランダ語を話す者がいてよかったと思う。おかげで対話がより満足できるものとなったからだ。

上記のウィリアムズ『随行日誌』から分かるように、彼には栄左衛門のいうことがほとんどすべて理解できていたのだ。ただし、威厳に満ちた武士の言葉で、「あたかも候文のように」語ることはできなかった。ウィリアムズ日誌はこう続く。

・対話を終える時に、在席の役人は浦賀で最も位の高い栄左衛門だと通訳が説明した。そして艦長の名前を尋ねてきた。名前を教えてやると、これ以上はありえないといった風にかしこまった。

・あなたはアメリカ人か？——然り、いかにもアメリカ人でござる。その問いにいくらか驚いたかのように答えてやった。そこで一同大笑いになった。

このようにウィリアムズが、日本語を介したコミュニケーションを成功させたことが読み取れる。

三谷の『ペリー来航』では、私が利用した『幕末外国関係文書Ｉ』から少なからず前後の史料を引用しているが、なぜか「箱を二つ受領した」と記す文書[22]までは目が届かない。素人の私が数時間の調査で発見できた史料に、この分野の専門家が気づかない理由（あるいはあえて無視する理由）は、まるで不可解である。

山本博文の疑文書説

山本博文教授[23]も疑文書説だ。

「宮地正人氏は、ペリーが白旗書簡を渡したという証拠はなく、外交交渉の場で、ペリー自身が国家に報告していない私信を渡したとは考えられないから、白旗書簡は疑文書であると主張した。」

「ペリーの部下が浦賀奉行所とやりとりをした時、白旗を交渉のしるしと説明し、江戸湾を測量する船にも白旗を掲げさせたとは事実であった。(…)しかし、これとペリーが実際にそのような文書を渡したかどうかということは別問題である。おそらく事実としては、宮地氏の主張が正しい。」

「[白旗の現物ではなく]書簡を幕府に渡したというわさが流布した。」

「興味深いことは、白旗書簡のうわさを書き留めた史料が意外に多いことである。[24]」

「史料が意外に多い」ならば、その理由を詮索することも歴史家の仕事ではないのか。

大江志乃夫『ペリー艦隊大航海記』

ここで長老・大江志乃夫教授の『ペリー艦隊大航海記[25]』を見ておく。大江は白旗そのものの差出しについては「徳川斉昭の老中阿部正弘あて建議書に書かれている」ことから、「このことは事実であろう」と解する。[26] しかし白旗書簡については、「史料の出所がはなはだ怪し」く、「偽書ではないかという疑いが大きい[27]」とし、「書簡の内容にも信をおきがたい点がある」として、フィルモア国書の授受を困難にするような「最後通告めいた脅しをしたかどうか、おおいに疑問がある」と指摘した。[28]

当時の状況を考えるならば、論理は逆なのだ。**フィルモア国書の「授受が困難と見られた」**

からこそ、「恫喝行為が必要」なのだ。開国以後の事態から、海禁当時の非正規の交渉を論ずるのは、倒錯している。

さらに、「文庫版のための補注」では、白旗書簡が「真正の書簡である可能性も全面的には否定できなくなった」と動揺し、「白旗にその用法に関する書翰が添えられていたとすれば、それは七月九日に香山栄左衛門に手交されたと断定してよい」と解釈を変えている。[29]

朝河がすでに論証したように、和暦六月九日に香山栄左衛門に、書簡が「手交された」と解するのは誤りであり、当日はその「含意を説明しただけ」であった。

実際に白旗二枚とペリー書簡が差し出されたのは、「一四日久里浜に上陸したペリー一行によって国書とともに」であった。大江がまず白旗の授受を認め、次いで白旗書簡についても解釈を修正したのは歓迎すべきだが、問題の経緯を史料に即して具体的に検討していないのは、遺憾である。

（3）無視された朝河の貢献

松本健一『白旗伝説』

松本健一氏が『白旗伝説』を書いて一石を投じたのは一九九三年[30]であり、「発表したあとの波紋と、その後の展開」を含めて新潮社版にまとめたのは一九九五年五月であった。その後の

「増補」を加えた講談社学術文庫版は一九九八年五月に出た。つまり松本としては、この学術文庫版が白旗伝説の決定版のつもりらしい。

松本は「学術文庫版まえがき」で、自らの旧説の不備を次のように修正した。すなわち「ペリーの白旗が日本側に手渡されたのは嘉永六（一八五三）年の六月九日ではなく、六月四日の時点だったのではないか」、という推定である。この推定に自信を込めて「このまえがきを書いている時点では、ほぼ確定と断言していいようにおもわれる」と強調した。

松本の新しい断定の根拠はなにか。松本旧説の「白旗差出六月九日説」では、『阿部正弘事蹟』や浦賀奉行所の他の記録などと矛盾するからだ。奉行所の「六月四日付け記録」には、ペリー側は、「［六月四日から数えて］四日目昼過ぎまで相待ち、御返答これなく候わば、今は致し方もこれなく、江戸表へ罷り越し候とも、又いかようとも存念通り取計うべく申し候。もっとも、その節に至り事平の用向きこれあり候わば、白旗を掲げ参れ、申すべく候、と発言している」。「このとき日本側は、白旗を掲げることが降伏・和睦を申し入れるさいのメッセージである事実を知らないのだから、ペリー側がじっさいにそのような発言をしたのでなければ、このような記録を残しようもないわけである[31]」。

松本は『大日本古文書』シリーズの『幕末外国関係文書Ⅰ』[32]所収史料一一九号「六月九日（？）米国使節ペリー書翰、我政府へ白旗差出の件」に基づいて、差出日をひとまず「九日」と措定したあと、奉行所の他の記録との矛盾を解くために九日から、四日に繰り上げたわけだ。

なるほど、この修正によって奉行所の記録などとの整合性は保証できよう。だが、この重要史料のタイトルになぜ「六月九日（？）」と疑問符が付されていたかを松本は、説明できなかった（著者は本書第2章で説明した）。

三輪公忠『隠されたペリーの白旗』における朝河理解

最後に、他の日本史家たちと違って、せっかく英文史料を手にしながら、読みきれていない三輪公忠上智大学名誉教授の所説[33]にコメントを付しておきたい。三輪は次のように書いている。

「朝河がこの史料に言及して、アメリカの不条理な行動への批判としたのは、太平洋戦争終結直後の一九四五年八月一九日の日付のある、エール大学総長クラーク（G. G. Clark）宛の私信においてだけであった[34]。」

敗戦前夜に、日本敗戦を日米開戦以前から予想していた朝河が、最も親しいアメリカの友人クラークに宛てて書いた書簡が、注目すべき内容を含むことはいうまでもない。この書簡は『朝河貫一書簡集』に収められたが、その後、この書簡に言及した論文等は現れなかった。三輪の引用は、その空白を埋めたものであり、朝河の役割に対する高い評価も大いに共鳴できるところだ。

ただし、「エール大学総長クラーク（G. G. Clark）宛の私信」という書き方は、明らかに誤解である。クラークは「エール大学総長」ではなく、「ダートマス大学一八九九年卒業クラス」のクラスメートだ（書簡について、詳しくは本書第4章を参照されたい）。

三輪が朝河書簡に注目したのはよいが、この書簡以前に、フレデリック編『ウィリアムズ航海日誌』に寄せた朝河の書評（本書第4章を参照）が最も重要な文献であることに気づかないのは、大きなミスである。

アマチュア研究者・鈴木健司の慧眼

こうして松本健一や加藤祐三、そして宮地正人、三谷博、山本博文ら高名な歴史家たちの解釈とはちがって、ウィリアムズの日本語能力を高く評価して「ペリー艦隊通訳ウィリアムズこそが白旗書簡の起草者」と推定したのは「アマチュア研究者・鈴木健司」[35]である。「撫恤本」からウィリアムズの思想を読み取った論文、「モリソン号の亡霊たち」に触れて結びとしたい。鈴木は春日政治のマタイ伝紹介を踏まえて、こう指摘した。

(1) ウィリアムズがペリー艦隊にいたことは、この時の外交交渉に重要な意味を持っていた。
(2) 漂流民を撫恤せざる事、という幕政批判を日本人に書けたかどうか疑問である。[36]
この分析能力は素晴らしい。

（1）の着眼は、ペリー自身がウィリアムズの貢献を高く評価した書簡を書いて、「米国公使館書記兼通訳」に推薦したことから明らかである。

（2）では、ウィリアムズの思想を実に的確に読み取っている。宣教師としてではないが、The American Board of Commissioners for Foreign Missions（ABCFM）の活動に大きな貢献をして、中国布教史に名を残したウィリアムズ（漢字名・衛三畏）の、堅い信念に裏付けられた行動であった。つまり当時の日本には、このような偽文書を執筆できる書き手は存在しなかったのである。

鈴木の論点は、以下の三点である。

①ウィリアムズは一八五四年の再来時に、密航を企てた吉田松陰に応対したが、松陰の印象は次の通りだ。「ウリアムス日本語を使ふ、誠に早口にて一語も誤らず。而して吾れ等の云ふところは解せざる如きこと多し。蓋し渠れが狡猾ならん。是を以て云はんと欲すること多く云ひ得ず」（三月二七日夜の記）。なるほど彼らの口頭での会話は、チンプンカンプンであったと思われる。しかし、筆談ならば十分に相互理解が可能であった事実も記録されている。

②春日政治『一八五〇年和訳の馬太伝』によると、ウィリアムズ訳と思われるマタイ伝が存在する。春日によれば、その日本語は文語体を志向するものであり、ギュツラフ訳とは異なる要素があった。ちなみに、中国語における「口語と文語」の違いを知るウィリアムズは、日本

語においても、書き言葉と文語体に差異のあることを知っていた。

③ウィリアムズは一八三七年のモリソン号事件の教訓を活かすことができた。日本人漂流民を送還しようと浦賀沖まで来航しながら、砲撃を受けて追い払われたモリソン号に若いウィリアムズが乗船していた。このモリソン号の体験を教訓として、ペリーに示唆を与えることもウィリアムズに期待された役割であった。朝河貫一はこの種の役割を意識してモデレーターの一語を用いたが、単に武力による威嚇だけではなく、いかなる手段で対話のチャネルを確保するか、会談のきっかけ作りが最も重要であった局面でウィリアムズの役割は大きかった。

鈴木は、ここからウィリアムズの日本語能力への過小評価を戒め、特に「自国漂流民の撫恤」というキーワードに着目した。このキーワードは、白旗書簡のうち、矢吹のいう「撫恤本」にのみ見えるが、ここからペリーとは区別されるウィリアムズ自身の「人権思想」を読み取ったのが鈴木の慧眼[37]であった。

もしウィリアムズが、引退後イェール大学に迎えられ、中国学の基礎を構築したこと、その子フレデリックが父の記録を整理したこと、そしてフレデリックを師として、わが朝河貫一が博士論文『大化改新』の指導を受け、『日露衝突』に序文を書いてもらい、日露講和問題では、「イェール・メモランダム」参加者の一人として知見を貢献した事実等を知るならば、鈴木はもっと自信をもって、この説を提起できたのではないか。

いずれにせよ、鈴木健司が通説では当然のこととされている「通商要求」とは異なる「漂流民の撫恤」無視を「天理に悖る大罪」とみなす「**ウィリアムズの思想**」に着目した点が凡俗の歴史家・評論家たちとの違いと見るべきである。

注

1 若井敏明「ペリーの白旗書簡について」『大阪成蹊女子短期大学研究紀要』第四〇号、この紀要が投稿を受理したのは、二〇〇二年一〇月二九日である。

2 若井論文「終わりに」、二二頁。ここでポイントは、「ペリー側の脅迫的姿勢」である。ペリー書簡に秘められた「脅迫的姿勢」を、洞富雄はあたかもラブレターもどきの文体で誤訳した。その誤訳に引きずられて「脅迫的姿勢」を否定した読み方が横行したのは、マッカーサー占領軍を解放軍と誤認した左翼的日米関係論が歴史学界において再生産され続けた珍現象の一部であろう。

3 若井論文、一八頁。

4 若井論文、二〇頁。

5 若井論文、二二頁。

6 岸俊光著、一九一～一九二頁で、ハーバード大学名誉教授入江昭は「ペリーが白旗書簡を差し出したことなど今まで聞いたことがなかったし、僕が日米関係を考える場合もそういう問題は念頭にありませんでした」と語っている。これは驚くべき証言である。日米関係の原点に存在した白旗を忘れた日米関係論は、真実を著しく歪めたものとならざるをえないのではないか。白旗という原点を見失うことは、虚像に合わせて空中楼閣を建てるに等しい。

7 宮澤はウィリアムズが一八五八年九月二〇日〜一〇月七日に長崎に来たことは記していない。「一八五八年九月、中国在住の二人のアメリカ人プロテスタント宣教師Sウェルズ・ウィリアムズとエドワード・サイルが、キリスト教を日本へ布教する可能性を窺うために米国船ミネソタ号で来崎した。長崎到着後、二人はたまたま来航していた米国船ポーハタン号の従軍牧師、ヘンリー・ウッドと出会った。ウィリアムズはオランダ商館長から「阿片とキリスト教を排除できるなら商業上の特権を外国人に与えてもよい」という日本高官の言明を聞いた。これに応えてウィリアムズ、サイルとウッドの三人は、監督教会（聖公会）、改革派、長老派の伝道局に対して、真のキリスト教の何たるかを伝え得る優秀な人物を至急日本に派遣するべきであることを書いた文書を提出することで意見が一致した」。レイン・アーンズ著『長崎居留地の西洋人』（長崎文献社、二〇〇二年、二〜三頁）。

8 松本健一の「白旗伝説」初出は『群像』一九九三年四月号。その後「白旗伝説余波」「白旗伝説異聞」等三篇のエッセイを加えて単行本『白旗伝説』新潮社版を一九九五年五月に出版した。さらにその後執筆したエッセイ四篇を加えて『白旗伝説』講談社学術文庫版を一九九八年五月に出版した。松本は最初の論考において、問題意識を直截にこう述べている。「たとえば、ペリー来航事件をめぐっての、いちばん最近の論考である加藤祐三の『黒船異変——ペリーの挑戦』（岩波新書、一九八八年）にも、白旗のことは一言もふれられていない」と（学術文庫版、三六頁）。このテーマについての加藤の主著は『黒船前後の世界』である。これは一九八五年に岩波書店から刊行され、一九九四年にちくま学芸文庫に収められた。この主著においても加藤は白旗に言及していない。というよりも加藤のウィリアムズ像は極度に分裂している。「ペリーは日本語通訳を同行させていない」［傍線は矢吹］。ペリーが通訳としてウィリアムズに同行を要請したときには、彼がかなりの日本語を解すという点が考慮に入っていたが、ウィリアムズ自身は、自分はすでに日本語をすっかり忘れており、日本側のオランダ語通訳の方が立派だと認めている」（ちくま文庫、四二頁）。加藤はウィリアムズの謙遜表現から文字面だけを受取り、彼を「日本語通訳」として認めない過ちを犯している。加藤のこの断定は、同書五六頁の次の記述とも矛盾している。「実際には政治・外交顧問の役割をはたすS・W・ウィリアムズにペリーの側から同行を依頼し、ペリーがウィリアムズの見解を尊重しつつ、具体的な政策決定を行ったことも、確実な成果を生み出す重要な鍵になった」。ここではウィリアムズを「政治・外交顧問の役割」と高く評価して、これを尊重して「具体的な政策決定」が行われたことが開国成功の一因と評価している。この評価自体は妥当なものだが、加藤は「政策決定」の具体的な内容については、何一つ例示していないので、日本語を忘れていたウィリアムズが、なぜそのような貢献ができたのか、まるで不可解である。その後、加藤は松本に反論して、『幕末外交と開国』で、次のように書いた。「ペリーが幕府に白旗を渡し、降伏するときにはこの白旗を掲げよと恫喝したと強調する学者がいる。日米双方の史料を見ても、この種の主張には根拠がない。本書でも書いたとおり、測量や伝令など、軍事行動とは直接に関係のない行動にはペリー艦隊の小舟が白旗を掲げており、この絵を描いたのは同行画家ハイネである。白旗の使用は操船マニュアルに沿う常識であった。それを降伏要求という政治レベルまで拡張解釈するのは、いかがなものか」（加藤『幕末外交と開国』ちくま新書、二〇〇四年、二四六～二四七頁）。小論全体が加藤の誤りに対する批判となるであろう。

9 松本、講談社学術文庫版、一六九～一七〇頁。

10 前東大史料編纂所所長。

11 『歴史評論』二〇〇一年一〇月号。

12 松代藩重臣山寺常山の風説留「如坐漏船居紀聞」。松陰の読んだバージョンには、前田の代わりに筒井の名がある。

13 『歴史評論』一二〇頁上段。

14　「又いかようとも存念通り取計うべく申し候。もっとも、その節に至り事平（ことたいらぐ）の用向きこれあり候わば、白旗を掲げ参れ、申すべく候」。

15　『歴史評論』一二一頁、末尾。

16　宮地正人論文、『歴史評論』二〇〇一年一〇月号。

17　東大大学院総合文化研究科。

18　『ペリー来航』吉川弘文館、二〇〇三年。

19　三谷博著『ペリー来航』吉川弘文館、一一〇頁。

20　三谷博著『ペリー来航』吉川弘文館、一一一頁。

21　During the whole of this interview the bearing of these Japanese was dignified and self-possessed. Yezaimon spoke in a clear voice and, through Tatsnoski, who put it into Dutch for Mr. Portman, I could make out almost all they said but it would require considerable practice to speak that style and I am not sorry that one of them knows Dutch so much better than I do Japanese for I think intercommunication is likely to be more satisfactory. At the close of the interview the interpreter said the officer present was the highest in Uraga, and his name Yezaimon. "What is the name of the captain of this ship?" He was told, and nothing could be more polite than the whole manner of this incident. "Are you an American?" "Yes, to be sure I am." I replied in a tone to intimate some surprise at the question where at these was a general laugh˙ pp.51-52.

22　一七号と一二一号。

23　東大史料編纂所。

24　『ペリー来航——歴史を動かした男たち』小学館、二〇〇三年、三九～四〇頁。

25　立風書房、一九九四年、朝日文庫、二〇〇〇年。

26 朝日文庫版、一六七頁。
27 一七〇頁。
28 朝日文庫版、一六九～一七〇頁。
29 三五三頁。
30 『群像』一九九三年四月号。
31 文庫版五頁。
32 東京帝国大学編、明治四三年刊。
33 三輪公忠『隠されたペリーの白旗』上智大学刊、一九九九年五月。
34 同書第五章「ペリーの白旗の隠匿と使われ方」
35 岸俊光『ペリーの白旗』によれば、和光大学岸田秀教授の元ゼミ生の由。
36 岸俊光『ペリーの白旗』二一八～二一九頁。
37 鈴木の「モリソン号の亡霊たち――白旗書簡偽書説に対しての或る一つの仮説」という未公表の論文を筆者は未見だが、岸俊光『ペリーの白旗』の引用の限りでも、十分にその意味は把握できる。鈴木は、上掲の三点から、ウィリアムズの日本語能力とその思想を読み取ろうとしたのであり、いわば影の薄い通訳ウィリアムズの人物像の輪郭を、（英語で書いた朝河貫一は例外として）日本で初めて描いて見せた。

第6章　戦後に残った「白旗」の怨恨

はじめに――朝河貫一の危惧

クラーク宛て書簡

朝河貫一はアメリカに在って、日本における占領期の反米ナショナリズムの行方を危惧しつつ、マッカーサーの占領行政において、この教訓が活かされ、恫喝政策が繰り返されないことを期待していた。

もう一度、ヤルタ会談から三カ月後の一九四五年五月一三日付け、G・G・クラーク宛て朝河書簡[1]における、白旗差出の該当個所を読んでみよう。

「アメリカ人は下劣な動機に浸るとき、馬鹿げた行為に至ることがあります。おせっかいな人の中には、サンフランシスコ会議[2]で、五月三〇日を国際祝日にすればよい、とまでいっている者さえある。[3] 一八五三年にペリー提督は将軍の幕府に宛てて、通商を禁じた幕府の伝統的な政策は、『天理』を犯す『極悪犯罪』である故、アメリカの大艦隊が通商を求めて来航するであろう。アメリカ艦隊が大挙して押し寄せたら、日本はどうして交易禁止などできよう。アメリカ側は納得できる説明を断固求めるはずだ。その勝利は明らかである。そのさいに、もし貴国が降伏を望む[4]のであれば、ここで一緒に届ける二枚の白旗[5]を掲げよ、そうすれば砲撃はただちに止むであろう、と書いています。」

第一海兵師団第一大隊長 Richard P. Ross 中佐が一九四五年五月三〇日に沖縄首里城攻略の一番乗りとして、城の石垣に星条旗を掲げた。「この日を国際祝日にしよう」という一部のアメリカ人の発想を朝河は厳しく批判した。

首里城の星条旗

朝河がこのように私心を吐露した相手は、G・G・クラークである。クラークは、一八九五年に渡米した朝河がダートマスで最初に知り合い、終生の親友となった人物で、朝河の没後は二本松市や早大から資料を取り寄せて級友とともに英文の優れた追悼記（Obituary）を書いた。晩年に朝河が自らの山荘をワーズボロに買うまでは、夏休みや冬休みにしばしばニューハンプシャー州プリマスのクラーク農場で休暇を過ごす、非常に親しい間柄であった。[6]

白旗で発揮された「説得の側面」と、外交のプリンシプル

朝河がここでクラークに対して、短い私信で日米関係への懸念を示唆したとき、彼の脳裏には、かつてのペリー／ウィリアムズらによる「無言劇」の情景が鮮やかに浮かんでいたはずだ。フィルモア国書入りと白旗入りの「二箱の授受」を行ったのは、『随行日誌』の日付では、一八五三年七月一四日の久里浜天幕内セレモニーにおいてであった。浦賀沖に到着した和暦六月四日以降、浦賀奉行所与力組頭香山栄左衛門らとの一連の折衝を通じて、この形式による受領方式が成ったのは、「砲艦プラス白旗」による威嚇とともに、ウィリアムズによる考え抜かれた「外交的説得」が存在したからだが、「砲艦による威嚇」と対をなす「説得の側面」に着目したのは後世の歴史家では朝河貫一だけではなかったか。

そして朝河貫一は、ここから外交の精神を学び、「外交とは相手の精神の理解を通じて自分の目的を達成することなり[7]」[8]とする至言を導いたのであった。力による強要だけでは反発を生む。相手側が納得してみずからそれを受け入れるよう条理を尽くして説得すること、これが肝要だ、と朝河貫一が説いたのは、実は日米開戦の直前、「米大統領から天皇への親書」というバイパスで日米開戦を阻止するために、ラングドン・ウォーナーと共同作業を行った際に、彼に宛てた一節に見える言葉である。[9]

それから四年が経て、いまや日米沖縄戦の帰趨も見え、ミズーリ艦上での日本国降伏の調印式（一九四五年九月二日）に至るコースを半ば予期しつつ、朝河貫一は開港当時のペリーの白旗

に言及したわけだ。

すなわち米占領軍による「ペリーの白旗まがいの恫喝」は、戦後の日米関係にとって有害無益とあらかじめ牽制したのであった。

(1) 占領軍内部からの占領行政批判――ヘレン・ミアーズ『アメリカの鏡・日本』[10]

ヘレン・ミアーズが指摘したアメリカの責任

敗戦直後に繰り返されようとした「恫喝」を批判したのは、何も朝河だけではない。朝河のGHQ批判の論理を見て想起するのは、占領行政に参加して、いわば占領軍内部から占領行政を批判したヘレン・ミアーズ(一九〇〇〜一九八九)の主張である。戦前から日本学者として活躍していたアメリカ人女性のミアーズは、一九四六年にGHQ「労働政策一一人委員会」のメンバーとして来日し、労働基本法の基礎を創った人物である。

ミアーズの問題意識の根本は、第一次大戦期には「同盟国同士であった日米」がその後、対立を深めて日米開戦に至った原因の追究である。「対米開戦責任」を含め、近代日本が演じてきた「さまざまの役割」――これらは、すべて「アメリカが日本に教えたもの」ではないか。つまり、日本軍や日本政府による戦争犯罪の根本的原因は、「アメリカ側の対日政策にあり」とミアーズは反省した。

ペリー艦隊による開港の示唆以来、アメリカは日本に対して「さまざまの役割」を果たすことを教え、そのような役割を日本に求めてきた。日本はアメリカという教師から見て、最もよく「いいつけを守るよい子」を演じてきたことになる。ペリーによる開港以来、日本が「拳拳服膺」[11]してきたのは、アメリカの教えである。

拳拳服膺という古語は戦前期に「勅語」の重々しい文体とセットで用いられ、人々の自由な思考をさまたげるイデオロギー強制の一環として用いられた。国民は「開戦の勅語」も「終戦の勅語」も、その中身を問わず、拳拳服膺した。その結果、無数の悲喜劇が演じられたが、最大の悲劇は、対米敗戦によって太平洋戦争が終わった時に、「中国との大東亜戦争における敗北」が行方不明になったことだ。対中戦争の「終わり方」が行方不明になったことも忘れて、国民は米国流価値観を拳拳服膺した。拳拳服膺の四文字は死語になって久しいが、米国流価値観の一辺倒は、ますます強まっている。そのマインドコントロールにも似た構図はかつて勅語が国民の思考を呪縛した姿に酷似している。

ミアーズは、アメリカと日本の関係を「教師とよい子」の関係になぞらえた。「よい子」を演じてきた日本がもし「悪い子」になったとしたら、過半の責任は教師を演じたアメリカ側にあるのではないか。すなわち、日本の行動を分析すれば、そこにはアメリカ自身の姿が投影されているはずだ。アメリカ人はそこから「鏡に映るアメリカ自身の姿を客観的にとらえることができる」――これが、ミアーズ著『アメリカの鏡・日本』のタイトルの意味であり、そのようなアメリカ人の自省によって戦後の日米関係は、うまく処理できるであろう。これがミアーズのユニークな問題提起であるが、この示唆に富む提案が活かされることはなかった。

「鏡」を通した自省

「他人(ひと)のふり見て、わがふりを直せ」とは、古来日本の知恵であった。日本人は俗に「隣百姓」と揶揄されるが、お隣のやり方を模倣して、苗代を作り、田植えを行い、除草・虫取りに精を出して、水稲耕作を続けてきた。「他人のふり」を模倣することに習熟している。ところが、自らの欠点等を改める話になると、事情は異なる。「他人のふり」をそもそも冷静に観察できない。自己流にゆがめて観察する。したがって、それを教訓として「わがふりを直せ」という段階には行き着かないのが現実だ。

このような事情は、新興大国アメリカ人にとっても事情は同じであった。戦勝国として敗戦国日本に君臨したＧＨＱは、日本民族の欠点を認識するうえでは長けていたが、その欠点こそ、アメリカがかつて教えたものであることは、まるで失念していた。深い自制に基づいてこそ、「わがふりを直せ」が可能となる。

ミアーズは、そのような良識に基づいてＧＨＱの横暴を叱り、占領軍はどのような振る舞いを行なうのが正しいかを一九四八年、すなわち敗戦三年後に書いた。日米戦争の悲劇を直視しつつ、一体なぜこのような悲劇が起こったのか、その原因と経過を彼女なりに熟考して描いた著書である。

マッカーサーによる邦訳禁止とその理由

ミアーズの本に対して、ＧＨＱ総司令官マッカーサーは「占領が終わらなければ、日本人は、この本を日本語で読むことはできない」と禁書に指定する判断を行い、ラベル・トンプソン宛て四九年八月六日付書簡で指示して、邦訳不許可の処分とした。

マッカーサーは上の書簡の中で、「私はいかなる形の検閲や表現の自由の制限も憎んでいる」、それゆえ「自分でこの本を精読した」こと、「本書はプロパガンダであり、公共の安全を脅かすものであって、占領国日本における同著の出版は、絶対に正当化しえない」と書いた。

マッカーサーは『アメリカの鏡・日本』を「精読した」とするが、おそらく中身は半分しか頭に入らなかったのではないか。日本軍や日本政府による戦争犯罪の根本的原因は、アメリカによる対日政策にありとする本書の基調は、マッカーサーにとって容易に受入れ難いものであったと思われる。日本に戦争犯罪をさせたものは、アメリカの対日政策にほかならないと告発するミアーズの論法にマッカーサーは驚愕したに違いない。そこで「共産主義者のプロパガンダ」と罵倒したのだ。

日米戦争の悲劇がなぜ起こったのか。その原因を根本にさかのぼって深く探求しようとするミアーズの手法は、マッカーサーの対日認識に対する根本的挑戦であり、もしそのような認識を是認するならば、マッカーサーの占領行政は、根本から再検討を余儀なくされるものであった。占領の意義自体を疑うような重厚な思想を彼が受け入れることはできなかったのは、容易に察せられる。「赤のプロパガンダ」とレッテル貼りしたのは、占領政策を根本から批判する輩は、「ソ連の手先に違いない」と即断したものか。「公共の安全を脅かす」とは、おおげさだが、本書のような本質的な疑問が呈示されるならば、占領行政は成り立たないという意味であろう。

白子英城による解説

こうして原百代氏による日本語訳は『アメリカの反省』として、サンフランシスコ講和条約の成立後、占領が終了した翌年の一九五三年にようやく出版された。「しかし、当時はあまり注目されず、その後は、ごく限られた専門家以外には、その存在すら忘れられていた」（白子英城「抄訳版刊行に当たって」三～四頁）。

「ヘレン・ミアーズはこの本の中で、一八五三年ペリーが四隻の軍艦を率いて日本の門戸をこじ開け、一九四五年マッカーサーが未曾有の軍艦を率いて日本の門戸を閉じた、その『九二年間の日本』をグローバルな観点で説き明かし、我々が忘れていたこと、或いは忘れさせられていたことを思い出させ、或いは気付かせてくれた。」

「ヘレン・ミアーズが気付かせてくれたものとは何か。それは『日本の生きざま』である。一八五三年の開国まで、鎖国の中で平和を享受していた日本が、国際社会の荒波の中でどのように行動してきたのか、そして何故に日本は墜落していったのか。われわれ日本人は日本の生きざまと正面から向き合い、日本中心の観点からではなくグローバルな視点をもって、日本はなぜそういう行動に出たのか、何が悪かったのか、何が間違っていたのか、何が正しかったのかをしっかりと理解し、悪かったことを心から反省し、同時に間違っていなかったことは正々堂々と主張し、国際社会から理解されるよう努力しなければならない。」（白子、六頁）

ミアーズは序にいう。

「私たちアメリカ人は、今のところ、地球上で最も強い国民である。私たちの社会、あるいは国の安全については、心の奥ではともかく、少しの不安も抱く理由はない。だからこそ、私たちは世界が置かれている深刻な無秩序状態の責任を免れることができないのである。私たちが本当に平和を望んでいるのなら、世界の戦争原因を糾明するにあたって、もっとも現実的になる必要があるだろう。そのためには日本は絶好の出発点である。日本が重要なのは、私達がこの島を占領し、その制度を改革しようとしているからだ。日本がアジアで初めての近代国家であり、大国として認められた国だから、重要なのだ」
「**日本が第一次世界大戦時には、敵ではなく、同盟国だったから重要なのである。一つの国がいきなり友人から敵に変わった理由が分かれば、私たち自身の考えと政策が他国の人々に向けられるとき、それがどのように見えるかを、知ることができる。**」（強調引用者、一〇頁）

第一次世界大戦においては、日米は「同盟国の立場」を共有していた。しかしながら、この同盟国はいくつかの段階を経て、敵国同士に変化して第二次大戦が闘われた。その理由とは、いったいなにか。その理由を分析すれば、「米国の思想と政策」が日本から見て「どのように見えるか」、それを知り得る。

ミアーズはこうして、日本は「米国の思想と政策」をどのように認識して「米国の敵となる道」を選んだのか、その過程を跡づけた。すなわち「一九三一～一九四一年の米国の対日政策」の分析に着手した。そして「米国の対日政策」こそが「軍国主義日本」を育て、「米国の敵を作り上げた」と彼女は分析したわけだ。話は満洲事変に始まる。

満洲事変における日本の戦争責任

対日戦争責任の告発には、通常は一九三一年にさかのぼる日本の軍事行動が含まれるが、ミアーズは「告発に値する証拠は皆無」と主張する。満洲事変までの「日本の暴力と貪欲」とは、欧米民主主義諸国がつくった「国際法で許されていた」ものであり、「満洲国は合法的につくられた」（一六〇頁）からだ。

「中国はこの行為を侵略として国際連盟に提訴した。」「日本は満洲から撤退するどころか、中国内部に向けて南進した。」「一九三七年七月七日、盧溝橋で日中両軍の兵士が衝突し、日華事変が起きた。アメリカはこれを有罪とする。」（一六二頁）

「欧米列強は韓国問題〔朝鮮併合〕では日本を無罪とし、満洲事変では有罪とした。しかし、侵略行為で有罪としたのではない。国際連盟もアメリカも、日本が満洲を侵略したという非難はしていない。日本は国際条約を破り、条約当事国の満洲における権利を侵害したから有罪なのである。」「**中国にいわせれば、日本を非難している欧米列強も日本と同じぐらい罪が重い。**」（強調引用者、一六二頁）

ミアーズの核心は、ここにある。日本が中国でやったことは、欧米列強と同じことだ。それゆえ「欧米には、日本を非難する資格はない」が、中国には**独自の正当な主張**がありうる。

「国際関係を正しく議論しようと思ったら、道義と国際法はまったく関係ない。」「アメリカ世論は**満洲事変を明白な侵略行為**と考えているが、アジアからみれば、これは日本と欧米列強が合法性を競うパワーポリティクスにすぎない。」（一六二頁）

「アメリカ政府と国際連盟は、**九カ国条約、門戸開放政策、**パリ条約を持ち出し、日本は合法的自衛権で対抗した」。ところでこの現実は、**中国から見れば**「欧米列強も日本も、極東における自らの権益を守り、拡大する本音」を覆い隠している、にすぎない（強調引用者、一六二頁）。

これも「欧米列強には、日本を非難する資格はない」が、**中国にのみ独自の正当な主張がありうる**という考え方だ。

日中紛争で、アメリカはいずれの側にも立たない

ここでミアーズはアメリカの立場をグルー大使の日記（一九三二年五月一八日）から次のように分析している。

「日中問題そのものが、どの条約が有効か、有効な条約を最初に破ったのは誰か、という複雑な顔をもち、状況はすでに技術論では解けないパズルである。しかしアメリカの立場ははっきりしている。すなわち、われわれは**日中紛争ではいずれの側にも立たない**。アメリカは国際平和条約の不可侵性と門戸開放政策を支持するものであり、世界に対してこの立場を表明してきた」（二一九頁）。

二一世紀の今日、尖閣問題において、アメリカは日中いずれの側にも立たないことを繰り返し表明しているが、基本的に同じスタンスだ。

米国は①日本を批判するときは、あたかも中国の味方のようなポーズをとり援軍を自任するが、②日中の争いにおいては、中国の主張を支持するわけではない。表向き「中立を装う」のがアメリカ流だ。もし真に「中国の立場を支持する」ならば、中国への干渉をやめて、「撤退あるのみ」となるはずだ。

アメリカの政策を支えるタテマエは「国際平和条約の不可侵性と門戸開放政策」である。これらのタテマエを述べたものこそが、まさに「フィルモア国書」であり、そこでは「白旗恫喝」のような砲艦外交は外交辞令に包まれていて、容易に読み落としがちだ。

「平和条約の不可侵性」も「門戸開放政策」も、いずれも抽象的な概念であり、「不可侵性」や「門戸開放政策」に矛盾しない行動とは何か、となると、曖昧模糊としてくるのを否めない。とすれば、このアメリカ発メッセージが「日本に伝わるかどうか」「どのように伝わるのか」、これも疑わしい。ミアーズはまさに、ここから日米関係を解こうとした。

満洲事変当時の中国経済と中国政治

一九三一年当時中国の産業資本一三・三億ドルのうち、四分の三は外国人に握られていた。わずかの鉄道も外国人が建設したもので、中国人のためではなく、外国人の特殊権益のために敷かれたものであった。[12] さらに、イギリス人が管理していた関税と塩税の収入のほとんどは対外債務の利子返済に充てられ、行政・近代化・福祉には使われなかった。

イギリスは蒋介石政府との関係で特権的な地位を握っていた。これが日本にとっては大きな不満であった。関税と塩税を担保とする「イギリスの借款には利子が支払われているのに、日本は膨大な額の債権を焦げつかせることになる」(一六四～五頁)。

一九一一年の辛亥革命で清朝が倒れ、中華民国が成立した。しかし、新しい共和国は北京の保守政権、南部の革命政権、独自の軍隊と通貨をもつ地方軍閥などの対立政権に分裂した。中国人はこうした体制に不満を抱いていた。満洲王朝(清)を倒した中国人は、地方軍閥と西洋列強からの解放を目指した。彼らにとって、支配階級と西洋列強の癒着は、もはや耐えられないものとなり、中国はいつ爆発するかわからない火山だった(一六五頁)。

満洲事変の発生から四カ月後、ようやくアメリカの公式見解がまとまった。三二年一月七日、スチムソン・ドクトリンとして知られる政府見解が出され、日中双方に伝えられた。

満洲事変に対するアメリカの姿勢

アメリカの立場の基礎になったのは九カ国条約とパリ不戦条約である。米国務長官は日中両政府に対して、アメリカは「合衆国の中国における条約上の諸権利と、中華民国の主権、独立、領土的行政的保全にかかわるもの、門戸開放政策として知られる合衆国の対中国政策にかかわるものを含む合衆国国民の条約上の諸権利を損なう」いかなる条約も合意も、合法と認めない」と通告した（米国務省発表、一一九号、三二年一月九日）。

この見解についてミアーズはいう。

「これは日本を侵略者とする単純な非難とは明らかに違う」、「アメリカは日本を侵略者として非難するのをためらっている」（一七〇頁）。「米国政府は日中間に起きたこの問題を**裁定したくない**のだ。この問題を裁定すれば、**自らの立場を苦しくする**からだ、と日本は見た。

第一にアメリカは一九二七年、中国で武力を行使したばかりである〔南京事件〕。理由は日本とまったく同じであり、横行する中国人盗賊から自国民と財産を守るというものだった。

第二に、将来海兵隊を派兵する事態を考えると、外国の干渉を許す政策はとれない。このジレンマを解いたのが門戸開放と九カ国条約という公式だ。これなら、中国と日本の双

方にあてはまるし、侵略の定義を避けられる。」（強調引用者、一七一頁）

「満洲事変に対するアメリカの姿勢は、①中国人民への人道的懸念、②中国の主権と平和を守ろうという意志に発している、というのが米国民の理解である。しかし、そういう理想と愛に貫かれた正しい目的を、国際法の中に明文化するのは難しい。満洲事変はその難しさを象徴的に見せつけたのである。」（一七一頁）

アメリカが依拠したのは一九二二年にワシントンで調印された九カ国条約であり、中国に権益をもつ英、仏、蘭、ベルギー、米、伊、ポルトガル、日本の八カ国の条約で各国は中華民国の領土保全を尊重し門戸開放を約束し合った。九番目の当事国たる中国は調印国の権利を尊重することに同意した。この条約は二つの相反する目的をもっていた。①不平等条約体制下で米の特権を守り、②同時に中国の主権と平和を維持しようとした。不幸なことに、第一の目的（特権維持）が第二の目的（主権維持）を殺してしまう（一七二頁）。

中国にいわせれば、満洲事変に対するアメリカの姿勢は、①中国の側に立っているようだが、適切とはいえない。②「中国独立」のための行動が、実際には「独立を侵している」。スチムソン長官は公正無私を語るが、中国からみれば、列強間における公正無私にすぎない。もし米国が本当に公正無私を行うならば、中国にもつ特殊権益を放棄しなければならない。「アメリカはどこの国の軍艦であろうとミシシッピー川に入るのを許さない。ならば、アメリカには揚子江に軍艦を配備する権利はないはずだ」（一七三〜四頁）。

「**本当の敵**は日本ではなかった。敵は、日本に満洲での合法的権利を与えている**不平等条約体制**である。この体制がなければ、日本は満洲事変を起こせなかったはず（強調引用者）」。

にもかかわらず、とミアーズはいう。「私たちは満洲事変非難のすべての根拠を、中国と日本が条約体制を危機に陥れたこと」だとみなしていた。（一七四頁）

日本の犯した過ち

日本は「独立国満洲」を主要関係国**が認めるものと信じきっていた**ようである。アメリカは反対しているが連盟未加盟国だ。連盟の主要国であるイギリスは、日本に有利な決定が出るよう影響力を行使してくれるだろう、と（一七七頁）。

しかし、日本は行き過ぎた行動を起こした。三二年一月、満洲事変は上海に飛び火した。各国は共同租界の周辺で起きたこの衝突に強い懸念を抱き、米英は日本に抗議文書をおくった。上海事変における日本側の狙いは、各国特にイギリスに圧力をかけることだった。華北で日本の立場が固まらなければ、他の地域でも事態が悪化することを各国にみせつけ、満洲事変に同調させようとした。**上海事変は拙劣だった。日本は支持を得るどころか、失った**（一七八頁）。

一九三二年六月、日本はさらに重大な過ちを犯した。新満洲政権が税収の全面管理策を発表し、イギリス人税務管理官を追放した。それまで中国の税収の三分の一は満洲からきていた。

イギリスの借款の大部分はその収入で保証されていた。イギリスは日本の真意を疑い始めた。これがリットン報告に帰結した（一七八頁）。

ミアーズはリットン報告から、「国共のあり方」を次のように読み取っている。

――共産党は国民政府の現実の対抗勢力として、独自の法律、軍隊、政府、そして支配領土をもっている。こういう状態は他のいかなる国にもない（一八〇頁）。

蔣介石の政策については、不平等条約と治外法権を否定していると非難している。この文脈ではミアーズは、**アメリカの利益を擁護**し、**中国と敵対している**。

――国民党の影響を受けて、外国勢力に反発する異常な感情が中国の国家主義に吸収されていった。中国は、租借地、外国機関が代行している鉄道の管理と割譲地および租界に対する行政権、外国人に対する治外法権の返上を要求している。自国の尊重と主権を軽視している特権の即時放棄を要求している（一八二頁）。

「報告に対する日本の反論を読むと、自分たちに突きつけられた判決ともいうべきものに、心から当惑しているのがよく分かる。リットン報告は日中双方の責任を問題にしている。すなわち、中国は後れすぎ、日本は行き過ぎというのだ。」「日本の立場から見ると、欧米諸国が日本を非難するのは、中国の領土保全を尊重しているからではない。すでに大国自身が侵害しているではないか。」（一八六頁）

このリットン報告を国際連盟が受け入れ、連盟とアメリカは満洲国を独立国として承認しなかったことから、日本は連盟を脱退した（一八七頁）。

ここでミアーズのコメントはこうだ――アメリカ人は連盟を脱退した日本の行為を厳しく批判した。しかしながら、「日本が連盟を脱退した理由」と「米議会が最初の段階で連盟加盟を否認した（未加盟であった）理由」は同じものではないか。すなわち、いかなる主権国家も「自国の存亡に関わる利益が危険にさらされている」と判断する権利、それを防ぐために「武力行使の決定を行う権利」をもつべきだという主張である（一九五頁）。

日本側の開戦理由

日本の考える対米英開戦理由について、ミアーズはこう分析する。

――日本の視点からいうなら、この戦争は「アジア民族がアジアの支配勢力として台頭すること」を阻止し、「米英企業のために日本の貿易競争力を圧殺しようとする米英の政策が引き起こしたもの」だった。アメリカ人なら誰も「それが米国政府の意図だったという見方」を認めないだろうが、「実際に行われた政策と米国政府の公式説明は、まさに日本の解釈を裏付けている」ではないか、と（一九九頁）。

スチムソン国務長官（のち陸軍長官）の解釈では、門戸開放政策は二つの原則からなっている。すなわち、①対中貿易におけるすべての国の機会均等、②そのために必要な中国の領土と行政の保全、である。

ところが事実を見ると、スチムソン長官の政策説明は現実に適合していない。米国政府が蒋介石に対する大型借款を始める一九三七年まではアメリカの中国投資はなきに等しかった。一九三一年、満洲事変が起き、アメリカが日中両国による権益侵害を公式に非難したときには、その対中投資総額は一・九六億ドルであり、「空母四隻分の製造費、あるいは原爆一個の製造費の一割」にすぎなかった。

アメリカの対外投資のほとんどは、アジアではなく、ヨーロッパと南米に向けられていた。三七年の総輸出のうち中国向けは一・五％にすぎない（二〇二頁）。

「一九三一年当時、諸外国の対中投資は三六・七％、ソ連八・四％、日本三五・一％に対して、アメリカの存在は小さかった」「日本の対中投資、対満投資は対外投資の大部分を占めていたが、英米の対中投資は、国家経済の一部にすぎなかった」「アメリカは自国から遠く離れたところに輸出し、資源を開発する権利を主張している。権益擁護のために武力を行使している」「日本が同じことをしようとすると、何で邪魔立てするのか、日本には、理解できなかった」（二〇四〜二〇五頁）。

「アメリカは蒋介石にてこ入れを始める三七年までは、中国にそれほど関心をもっていなかった。その後、三八年から四五年にかけて米英が抗日戦争中の蒋介石政権を支援するために融資した金額は一〇億ドルにのぼる。この事実から日本は、アメリカの中国における権益は純粋の通商利益ではなく、政治的戦略的利益と見た」（二〇四～五頁）。

「アメリカとヨーロッパ列強が日本を締め出している」

真珠湾攻撃前夜の日米交渉において、アメリカ側はしばしば「日本がアメリカを締め出そうとしている」と抗議している。日本にいわせれば話は逆であり、「アメリカとヨーロッパ列強が日本を締め出している」。記録を見れば、**日本に言い分があるように見える。**

ハル国務長官は日本野村大使との会談覚書（一九四〇年四月）において、「日本はアメリカおよび世界のいかなる国ともまったく同一条件で貿易できるとつたえている。たぶんハル長官は「実際の政策」ではなく「望ましい政策」を語ったのだ。

ハル長官の説明は日米間にわだかまる不信感の原因のありかを示唆している。アメリカの自由経済とは自国製品を後れた地域に無関税で、あるいはアメリカが決めた税率で持ち込むことなのだ（二〇九頁）。

アメリカが日本を非難するもう一つの問題点は「不公正競争」である。日本の実質賃金はアメリカと比べて著しく低い。だから、米国企業は労使共に日本製品から不公正な競争を仕掛けられているという。日本から見れば、不公正競争をしているのはアメリカの側だが、アメリカ人はそうは見なかった（二〇九頁）。

このように日本の立場を分析すると、日本は「白色民族に差別されている」と本気で信じていたようだ。そこで日本は中国に激しい進出攻勢をかけ、南進政策を強力に押し進めていく。日本はまたアジア・太平洋地域で「大国に包囲されている」と信じ込んでいた。競争力の強いこれらの国は、やろうと思えば、日本との通商関係を断絶し、日本を殺すことができる。問題の基本にあるのは「資源の欠如」ではなく、民族間の「信頼の欠如」だった。日本は「自由経済と主権尊重」という英米の政策を、飾りにすぎないと思いこみ、それが日本を不安にさせたのであった（二一七頁）。

日本に限らない中国侵略の責任

ミアーズは一貫して、英米、特に米国の政策や世論を批判的に分析し、「日本人ならばどのように受け取るか」、と日本の立場から紛争の焦点を考え抜こうとして、結局「欧米が中国で自ら実行している政策」を「日本が行う場合にこれを批判する」のは、**フェアではない、説得力を欠く**と批判している。ミアーズの主張は、アメリカが「中国において侵略を行っている」からには、「日本に対してのみ、侵略を非難する」のは公正ではない、という一語に尽きる。その言外の意は、自らの「中国侵略を止められない」からには、「日本の対中政策を容認すべきだ」という結論に落ち着くほかはない。

だが、ミアーズの正義観、公正観を支えているのはそれだけであろうか。

「日本と日本国民の罪と罰という問題は単純ではない。日華事変の記録を読めば、日本の指導部と軍隊の行為すべてが犯罪である。彼らの重大な犯罪には情状酌量の余地がない。彼らは残虐にも非戦闘員を爆撃した。彼らは他人の財産を略奪し破壊した。彼らは何百万の民衆に恐るべき惨禍をもたらした恐怖の戦争の遂行者だ」。「しかし、日本が実際に人類に対する罪を犯したとしても、私たちが日本国民を懲罰するのは果たして正義だろうか。またこの懲罰が将来起きるかもしれない同様の犯罪の抑止力たりうるだろうか。答えは否である。」「国際法の原理原則はもっと厳密に定義する必要がある。人道的見地からいえば、日本の犯罪とは国益を人権の上におき、国家の存亡の利益を武力に訴えても守ろうとしたことだ。」「**勝者による敗者の懲罰**は、自らの支配態勢を維持しようとする大国の我欲にすぎない。」「アメリカもイギリスも対中関係では、自らの**特権的地位を話し合いで放棄しようとはしなかった。日本が武力で獲得した租借地と外国資産を中国当局に引き渡す**まで、不平等条約、治外法権、租借地を返上しなかった。」「日本は一八九四～九五年の戦争で**中国に勝って主権を取り戻した。**」「中国は一九三七～四五年の戦争で**日本に勝って主権を取り戻した。**」（強調引用者、二八一～二八七頁）

（２）対米従属と反面をなす、対中敗戦認識の欠如

終戦詔勅に見られる対中敗戦意識の欠如

ミアーズは、対中国占領における日本と欧米の責任を連続的に論じたが、日本にとって対米従属の反面は、対中敵視あるいは対中無視である。この日中米三角関係を「開戦の詔勅」と「終戦の詔勅（玉音放送）」で読むと、その構図が鮮やかに浮かび上がる。

まずは、「終戦の詔勅」を見てみよう。

①「朕ハ帝國政府ヲシテ米英支蘇四國ニ對シ其ノ共同宣言ヲ受諾スル旨通告セシメタリ」（強調引用者）とあり、ポツダム宣言の受諾を通告した対象国「米英中ソ」四カ国には**中国が含まれる**。

②「曩(さき)ニ米英二國ニ宣戰セル所以モ亦實ニ帝國ノ自存ト東亞ノ安定トヲ庶幾スルニ出テ他國ノ主權ヲ排シ領土ヲ侵スカ如キハ固ヨリ朕カ志ニアラス」。ここでは米英に対する宣戦が「他国の主権を排し領土を侵す」志にあらずとしているが、中国に対する「宣戦布告なき戦争」、つまり「事変」という形で、宣戦布告なしに開戦された**日中戦争には言及していない**。ここで一九三一〜四五年**日中戦争は行方不明**になった。

③「然ルニ交戰已ニ四歳ヲ閲シ朕カ陸海將兵ノ勇戰朕カ百僚有司ノ勵精朕カ一億衆庶ノ奉公

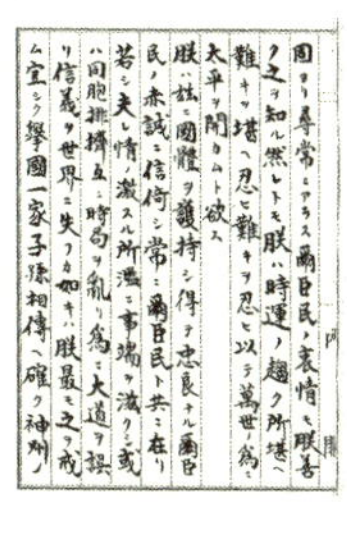

朕深ク世界ノ大勢ト帝國ノ現狀トニ鑑ミ非常ノ措置ヲ以テ時局ヲ收拾セムト欲シ茲ニ忠良ナル爾臣民ニ告ク
朕ハ帝國政府ヲシテ米英支蘇四國ニ對シ其ノ共同宣言ヲ受諾スル旨通告セシメタリ
抑々帝國臣民ノ康寧ヲ圖リ萬邦共榮ノ樂ヲ偕ニスルハ皇祖皇宗ノ遺範ニシテ朕ノ拳々措カサル所曩ニ米英二國ニ宣戰セル所以モ亦實ニ帝國ノ自存ト東亞ノ安定トヲ庶幾

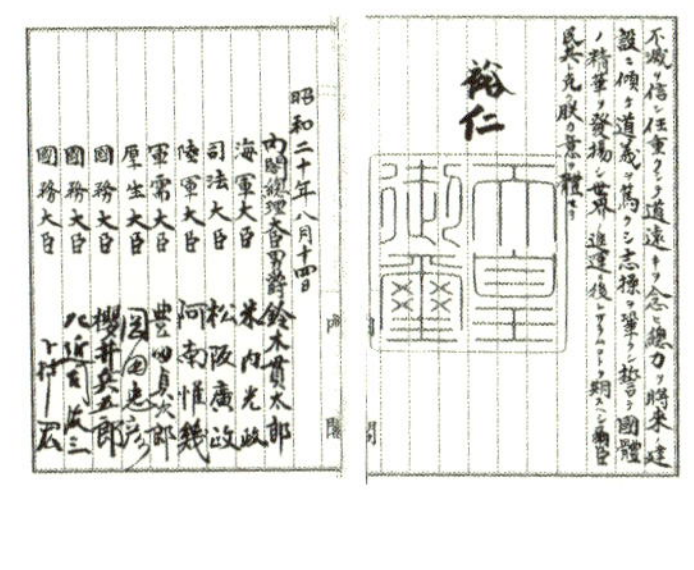

スルニ出テ他國ノ主權ヲ排シ領土ヲ侵スカ如キハ固ヨリ朕カ志ニアラス然ルニ交戰已ニ四歳ヲ閲シ朕カ陸海將兵ノ勇戰朕カ百僚有司ノ勵精朕カ一億衆庶ノ奉公各々最善ヲ盡セルニ拘ラス戰局必スシモ好轉セス世界ノ大勢亦我ニ利アラス加之敵ハ新ニ殘虐ナル爆彈ヲ使用シテ慘害ノ及フ所眞ニ測ルヘカラサルニ至ル而モ尚交戰ヲ繼續セムカ終ニ我カ民族ノ滅亡ヲ招來スルノミナラス延テ人類ノ文明ヲモ破却スヘシ斯ノ如クムハ朕何ヲ以テカ億兆ノ赤子ヲ保シ皇祖

皇宗ノ神靈ニ謝セムヤ是レ朕カ帝國政府ヲシテ共同宣言ニ應セシムルニ至レル所以ナリ
朕ハ帝國ト共ニ終始東亞ノ解放ニ協力セル諸盟邦ニ對シ遺憾ノ意ヲ表セサルヲ得ス帝國臣民ニシテ戰陣ニ死シ職域ニ殉シ非命ニ斃レタル者及其ノ遺族ニ想ヲ致セハ五內爲ニ裂ク且戰傷ヲ負ヒ災禍ヲ蒙リ家業ヲ失ヒタル者ノ厚生ニ至リテハ朕ノ深ク軫念スル所ナリ惟フニ今後帝國ノ受クヘキ苦難ハ

固ヨリ尋常ニアラス爾臣民ノ衷情モ朕善ク之ヲ知ル然レトモ朕ハ時運ノ趨ク所堪ヘ難キヲ堪ヘ忍ヒ難キヲ忍ヒ以テ萬世ノ爲ニ太平ヲ開カムト欲ス
朕ハ茲ニ國體ヲ護持シ得テ忠良ナル爾臣民ノ赤誠ニ信倚シ常ニ爾臣民ト共ニ在リ若シ夫レ情ノ激スル所濫ニ事端ヲ滋クシ或ハ同胞排擠互ニ時局ヲ亂リ爲ニ大道ヲ誤リ信義ヲ世界ニ失フカ如キハ朕最モ之ヲ戒ム宜シク擧國一家子孫相傳ヘ確ク神州ノ

不滅ヲ信シ任重クシテ道遠キヲ念ヒ總力ヲ將來ノ建設ニ傾ケ道義ヲ篤クシ志操ヲ鞏クシ誓テ國體ノ精華ヲ發揚シ世界ノ進運ニ後レサラムコトヲ期スヘシ爾臣民其レ克ク朕カ意ヲ體セヨ

裕仁

昭和二十年八月十四日
内閣總理大臣　鈴木貫太郎
海軍大臣　米内光政
司法大臣　松阪廣政
陸軍大臣　阿南惟幾
軍需大臣　豊田貞次郎
厚生大臣　岡田忠彦
國務大臣　櫻井兵五郎
國務大臣　左近司政三
國務大臣　下村宏
大藏大臣　廣瀬豊作
文部大臣　太田耕造
農商大臣　石黒忠篤
内務大臣　安倍源基
外務大臣兼大東亞大臣　東郷茂徳
國務大臣　安井藤治
運輸大臣　小日山直登

終戦の詔勅

各ゝ最善ヲ盡セルニ拘ラス戰局必スシモ好轉セス」。ここでは「交戰四歳」とあるから、一九四一～四五年の戦争を指しており、中国大陸における八年の抗日戦争は含まれない。

この詔勅は、一九四一～四五年の対英米戦争が「終戦」に至ったことを「米英中ソ」四カ国に告げたものにすぎない。

この詔勅では、「**日中戦争の開戦も敗戦も**」言及されていない。「他國ノ主權ヲ排シ領土ヲ侵スカ如キ」とは、まさに日本が満洲や台湾、そして朝鮮半島で典型的に示した行為であり、それゆえカイロ宣言を踏まえたポツダム宣言の領土条項――「満洲、台湾及澎湖島ノ如キ日本国カ清国人ヨリ盗取シタル一切ノ地域ヲ中華民国ニ返還スルコト」を遵守させられたのだ。歴史的事実の経過は周知のことでありながら、「終戦」は「交戦四歳」についてのものと認識されて日中戦争は行方不明になった。この戦争の「**終わり方のあいまい性**」が大きな禍根を残した。

対米英宣戦布告の詔勅と中華民国の位置——行方不明になった日中戦争

一九四一年一二月八日付の「開戦の詔勅——米英両国ニ対スル宣戦ノ詔」は、開戦に至った事情を次のように説明している。「朕茲ニ米國及英國ニ対シテ戦ヲ宣ス」、冒頭に掲げられた一句から分かるように宣戦を布告した相手[13]は「米國及英國」である。[14]

では、なぜ米英なのか。日中戦争が勃発した直接のきっかけである**盧溝橋事件**（一九三七年七月七日）で衝突したのは中華民国の軍隊ではなかったのか。

開戦の詔勅曰く、中華民国は日本帝国の真意を解せず、東亜の平和を攪乱し、日本帝国をして武器を執らしめ、四年余を経た（「中華民國政府、曩ニ帝國ノ眞意ヲ解セス、濫ニ事ヲ構ヘテ東亞ノ平和ヲ攪亂シ、遂ニ帝國ヲシテ干戈ヲ執ルニ至ラシメ、茲ニ四年有餘ヲ經タリ」）。これが詔勅の対中認識である。

「中華民国が東亜の平和を攪乱した」ので「日本帝国は武器を執ることを余儀なくされた」と認識している。この主題は、「四年有餘ヲ經タリ」とあることから、一九三七年七月七日から

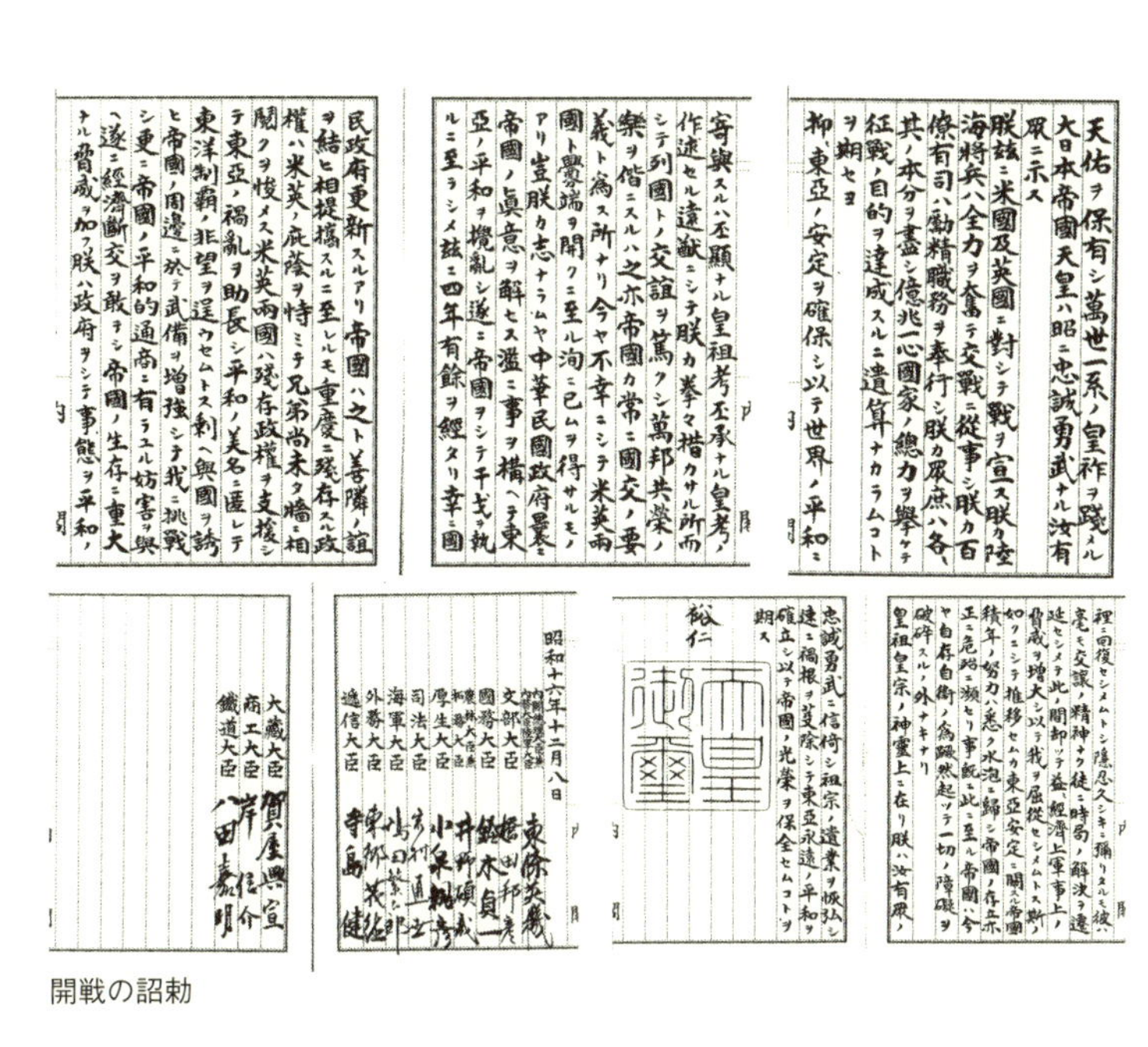
天佑ヲ保有シ萬世一系ノ皇祚ヲ踐メル
大日本帝國天皇ハ昭ニ忠誠勇武ナル汝有衆ニ示ス
朕茲ニ米國及英國ニ對シテ戰ヲ宣ス朕カ陸海將兵ハ全力ヲ奮テ交戰ニ從事シ朕カ百僚有司ハ勵精職務ヲ奉行シ朕カ衆庶ハ各〻其ノ本分ヲ盡シ億兆一心國家ノ總力ヲ擧ケテ征戰ノ目的ヲ達成スルニ遺算ナカラムコトヲ期セヨ
抑〻東亞ノ安定ヲ確保シ以テ世界ノ平和ニ寄與スルハ丕顯ナル皇祖考丕承ナル皇考ノ作述セル遠猷ニシテ朕カ拳々措カサル所而シテ列國トノ交誼ヲ篤クシ萬邦共榮ノ樂ヲ偕ニスルハ之亦帝國カ常ニ國交ノ要義ト爲ス所ナリ今ヤ不幸ニシテ米英兩國ト釁端ヲ開クニ至ル洵ニ已ムヲ得サルモノアリ豈朕カ志ナラムヤ中華民國政府曩ニ帝國ノ眞意ヲ解セス濫ニ事ヲ構ヘテ東亞ノ平和ヲ攪亂シ遂ニ帝國ヲシテ干戈ヲ執ルニ至ラシメ茲ニ四年有餘ヲ經タリ幸ニ國民政府更新スルアリ帝國ハ之ト善隣ノ誼ヲ結ヒ相提携スルニ至レルモ重慶ニ殘存スル政權ハ米英ノ庇蔭ヲ恃ミテ兄弟尚未タ牆ニ相鬩クヲ悛メス米英兩國ハ殘存政權ヲ支援シテ東亞ノ禍亂ヲ助長シ平和ノ美名ニ匿レテ東洋制覇ノ非望ヲ逞ウセムトス剩ヘ與國ヲ誘ヒ帝國ノ周邊ニ於テ武備ヲ增強シテ我ニ挑戰シ更ニ帝國ノ平和的通商ニ有ラユル妨害ヲ與ヘ遂ニ經濟斷交ヲ敢テシ帝國ノ生存ニ重大ナル脅威ヲ加フ朕ハ政府ヲシテ事態ヲ平和ノ裡ニ回復セシメムトシ隱忍久シキニ彌リタルモ彼ハ毫モ交讓ノ精神ナク徒ニ時局ノ解決ヲ遷延セシメテ此ノ間却ツテ益〻經濟上軍事上ノ脅威ヲ增大シ以テ我ヲ屈從セシメムトス斯ノ如クニシテ推移セムカ東亞安定ニ關スル帝國積年ノ努力ハ悉ク水泡ニ歸シ帝國ノ存立亦正ニ危殆ニ瀕セリ事既ニ此ニ至ル帝國ハ今ヤ自存自衞ノ爲蹶然起ツテ一切ノ障礙ヲ破碎スルノ外ナキナリ
皇祖皇宗ノ神靈上ニ在リ朕ハ汝有衆ノ忠誠勇武ニ信倚シ祖宗ノ遺業ヲ恢弘シ速ニ禍根ヲ芟除シテ東亞永遠ノ平和ヲ確立シ以テ帝國ノ光榮ヲ保全セムコトヲ期ス

裕仁

天皇御璽

昭和十六年十二月八日

内閣總理大臣 陸軍大臣 東條英機
文部大臣 橋田邦彦
國務大臣 鈴木貞一
農林大臣 井野碩哉
厚生大臣 小泉親彦
司法大臣 岩村通世
海軍大臣 嶋田繁太郎
外務大臣 東郷茂徳
逓信大臣 寺島健
大藏大臣 賀屋興宣
商工大臣 岸信介
鐵道大臣 八田嘉明

開戦の詔勅

一九四一年一二月八日までの四年五カ月、すなわち盧溝橋事件[15]以来、一二月八日までの日中戦争を指すことは明らかだ。この日中戦争には局面の変化とこれに対応した米英の政策があった。

「幸ニ國民政府更新スルアリ。帝國ハ之ト善隣ノ誼ヲ結ヒ相提携スルニ至レルモ、重慶ニ殘存スル政權ハ米英ノ庇蔭ヲ恃（たの）ミテ、兄弟尚未タ牆（かき）ニ相鬩（せめ）クヲ悛（あらた）メス」

「國民政府」に「更新するあり」とは、汪兆銘政権[16]が日本占領下の南京に成立したことを指す。しかしながら、「重慶ニ殘存スル政權」すなわち蒋介石政権は「兄弟牆ニ相鬩ク」（兄弟間の内戦）を反省せず、内戦を続けた。

このように分裂した中華民国に対して、米英は蔣介石政権を支援して、東洋制覇の野望を遂げようとしている（「米英両國ハ殘存政權［蔣介石］ヲ支援シテ東亞ノ禍亂ヲ助長シ、平和ノ美名ニ匿レテ東洋制覇ノ非望ヲ逞ウセムトス」）。

「開戦の詔勅」の核心はここにある。日本帝国が汪兆銘傀儡政権を成立させたのに対して、米英両国が残存蔣介石政権を支援したことだ。ここから汪兆銘政権と蔣介石政権との内戦は、日本と米英との代理戦争となる。米英の同盟国は、日本帝国包囲網を形成した。

米英は同盟国を誘い（オーストラリア、オランダ等）、通商を妨害し、経済断行を行い、日本帝国の生存に脅威を与えた（「與國ヲ誘ヒ帝國ノ周邊ニ於テ、武備ヲ增強シテ我ニ挑戰シ」「帝國ノ平和的通商ニ有ラユル妨害ヲ與ヘ、遂ニ經濟斷交ヲ敢テシ、帝國ノ生存ニ重大ナル脅威ヲ加フ」）。これはいわゆるABCD包囲網[17]を指す。

その結果、日本帝国の存立が危殆に瀕し、「自存自衛」のため、蹶起することを余儀なくされた（「斯ノ如クニシテ推移セムカ、東亞安定ニ關スル帝國積年ノ努力ハ悉ク水泡ニ帰シ、帝國ノ存立、亦正ニ危殆ニ瀕セリ」「帝國ハ今ヤ自存自衛ノ爲、蹶然起ツテ、一切ノ障礙ヲ破碎スルノ外ナキナリ」）。

「大東亜戦争」の呼称と範囲

では一九四一年一二月の対米英戦争と「支那事変」との関わりはどうなるのか。

一九四一年一二月一二日、「今次戦争ノ呼称並ニ平戦時ノ分界時期等ニ付テ」という閣議決定が行われた。その内容は、以下の通りである。

「一、今次ノ対米英戦争及今後情勢ノ推移ニ伴ヒ生起スルコトアルヘキ戦争ハ、支那事変ヲモ含メ大東亜戦争ト呼称ス。二、給与、刑法ノ適用等ニ関スル平時、戦時ノ分界時期ハ昭和十六［一九四一］年十二月八日午前一時三十分トス。三、帝国領土（南洋群島委任統治区域ヲ除ク）ハ差当リ戦地ト指定スルコトナシ。但シ帝国領土ニ在リテハ第二号ニ関スル個々ノ問題ニ付其他ノ状態ヲ考慮シ戦地並ニ取扱フモノトス[18]」。

一項からあきらかなように、「支那事変ヲモ含メ、大東亜戦争ト呼称ス」と決定したものだ。すなわち一九四一年一二月の対米英宣戦の布告後に戦われる戦争は、「大東亜戦争」と命名され、これには「支那事変」（一九三七〜）をも含むことが確認されたわけだ。この決定によって、一九三七年以来の支那事変すなわち日中戦争（継続中）と一九四一年以来の（今後展開される）対米英戦争は、「大東亜戦争」の名で括られた[19]。

以後、日本では一九四五年の敗戦に至るまで大東亜戦争の名で統一され、これが広く行われた。ここで「東亜」が東アジア地域を指すことに誤解の余地はない。

ただし、これに「大」が付されたことについては、①「大東亜共栄圏」を目的とした戦争を指すと解する「イデオロギー的解釈」と、②単にマレー半島やタイ、ビルマ辺りまでを含む「広義の東アジア」、すなわちGreater East Asiaという地理的境界を意味するにすぎぬと解するもの、③そして両者を重ねた含意で用いるものなど、さまざまの解釈が行われた。含意、解釈を統一する閣議決定は行われていない。

「太平洋戦争」への呼称変更

主戦場がアメリカ側から見て太平洋地域であったことから米英など連合国においてはPacific Theater（太平洋戦域）が使用され、the War in the Pacific Theater、WW II-Pacific Theatre、the Pacific Theatre in the Second World Warなど第二次世界大戦の戦線・戦域名が用いられた。

敗戦後、ＧＨＱの占領政策のもとで「大東亜戦争」は「太平洋戦争」へ強制的に変更させられた。一九四五年一二月一五日、連合国軍最高司令官総司令部（ＧＨＱ）は、神道の国家からの分離、神道教義から軍国主義的、超国家主義的思想の抹殺、学校からの神道教育の排除を目的として、「国家神道（神社神道）ニ対スル政府ノ後援、支持、保護、管理、布教ノ廃止ノ件」との覚書[20]を日本政府に対して発した。

そこでは、「『大東亜戦争』、『八紘一宇』ノ如キ言葉及日本語ニ於ケル意味カ国家神道、軍国主義、超国家主義ニ緊密ニ関連セル其他一切ノ言葉ヲ公文書ニ使用スル事ヲ禁ス、依テ直チニ之ヲ中止スヘシ」とされた。

この覚書にしたがって、「大東亜戦争調査会」は一九四六年一月一一日「戦争調査会」と改称され、官制条文中の「大東亜戦争」の語句もすべて「戦争」に改められた。[21] GHQはプレス・コードなどで「大東亜戦争」の使用を新聞で避けるように指令し、GHQ民間情報教育局作成の『太平洋戦争史――真実なき軍国日本の崩壊』一〇万部は完売し、GHQ指導で学校教育でも奨励され、太平洋戦争の呼称が定着した。[22]

これは占領軍によって「強制されたもの」だが、いまや日本国民は「強制を自覚できないほどに」飼い馴らされている。

しかしながら、大東亜戦争を太平洋戦争に置き換えるGHQのやり方は、あまりにも乱暴なアメリカ一辺倒史観であり、これによって中国大陸で戦われた日中戦争は行方不明になった。まことに名は体を表す。『論語』子路篇の一句（「子曰、必也正名乎」）[23]を想起すべきだ。

米国追随の呼称で、中国への敗戦認識は抜け去った

戦争の呼称問題をサーベイした庄司潤一郎氏は、論文の末尾で次のように指摘した。

「結論としては、現時点での使用状況は、太平洋戦争の普及度が高いが、今後の展望として総合的に考察した場合、［一九四一年］一二月八日以降の中国戦線を含めた戦争の適切な呼称は、戦争の全体像の視点から、いずれもイデオロギー色を否定したうえで、大東亜戦

争もしくは**アジア・太平洋戦争**の使用を検討するのも一法ではないかと思われる」[24]。

稳当な結論というべきだ。ＧＨＱがおしつけた太平洋戦争の呼称を無批判に用いている者は、深く反省すべきではないか。

一九三七年盧溝橋事件に始まる日・中双方の「宣戦布告なき戦争」は、一九四一年一二月に対米英の宣戦を布告[25]した後も、続いていた。この冷厳な事実を無視して、一九四一年一二月～一九四五年八月の**太平洋戦争**をもって**大東亜戦争**と代替し、あるいは一九三七年七月～一九四五年九月の**日中八年戦争**をあいまいにすることは、到底許されない。前述のようにマッカーサー将軍は戦艦ミズーリの降伏調印式に際して、あえて「ペリー白旗」当時の星条旗と真珠湾攻撃時の星条旗とをミズーリに掲げて、調印式に臨んだ。その歴史意識を改めて想起すべきである。

翻って、日本国民は、ペリーの白旗を忘れ、日中戦争の終わり方の曖昧性を忘れつつ、日露戦争の勝利を突然想起するチグハグを演じている。二〇一五年夏に発表された、安倍晋三首相の七〇周年談話は、歴史の文脈に位置づけると、きわめていかがわしい内容と評せざるを得ない。このようにきわめてあいまいな日中敗戦認識を是認するか、批判するかは、未来の国際関係や日本政治に大きく関わるばかりではない。そこでは日本国民の倫理性がいま厳しく問われているのではないか。

（3）ポツダム宣言から逸脱した、沖縄「征服」

朝河によるポツダム宣言の分析

朝河貫一に話を戻そう。一九四五年七月二六日、ポツダム宣言が発表されると、朝河はただちにその分析に取り組み、それが占領軍によってどのように推進されるかを見極めて、翌四六年暮にルーズリーフに細かな文字で約一〇〇枚の覚書（「マッカーサー占領行政を叱る――新生日本の展望（朝河絶筆）」）を書いた。この覚書について、詳しくは前著『敗戦・沖縄・天皇』（花伝社、二〇一四年）を参照してほしい。

この覚書は、短い手紙等を除けば、一九四八年に死去した朝河にとって絶筆と見てよいエッセイである。タイトルを読むと、「I 新日本における個人の展望」および「II 個人の将来運命の展望」の二つの部分からなる。「ポツダム宣言十三ヵ条」の分析に始まり、駐留米軍の課題とその一年半の成果を縦横に分析している。中身は、占領行政を厳しく叱り、新生日本に希望を寄せるもので、まさに歴史家朝河の遺言と解してよい。

そこに次の一節が見える。――「ペリー提督が日本を訪問して、要求を幕吏に提出するや、同時に白旗を与えて曰く、『もし要求を拒むならば砲撃し江戸城を一砕すべし。この白旗を掲げて降伏の意を示すならば、砲撃せざるべし』と提言したことは事実である」（九項「アメリカ人国民性の短所」)。
朝河がマッカーサー将軍の占領行政の行方を占う際に、ペリーの白旗騒動を脳裏に浮かべていたことはこの記述だけからでも分かる。

アメリカによる沖縄「征服」

ここでは、朝河覚書から「領土問題と主権問題」のテーマを紹介しておきたい。というのは、今日の対米従属、米軍の沖縄基地「占領」を朝河が指摘しているからだ。

——領土問題。さすがにアメリカ政府はアメリカ史初年に「アメリカ・インディアンに対して行ったように無償に土地を奪うこと」をなさず、ただ占領駐留軍の要する土地・建物・物資を駐在期間に限り専用してある。領土の削取においてもアメリカが従来、メキシコに対してなしたるほどには、**統合領土を奪っていない**。

——「**委任統治諸島**[26]」**を奪った事実**は（今日これをアメリカの単独支配とする企図もあるが、それは未決に属するゆえ、しばらく論外に置くとしても）、「征服という事実」に照らして、「かつての日本の非法行使」について、「日本は正当化できない」とアメリカがかつて「批判した根拠」が失われることを意味する。

——「日本の**統合領土を奪った**」ことは、［前述の］委任統治とは別事であり、日本の非法行使の過失を問いにくい〔ことになる〕。なかんずく**「沖縄ことに小笠原諸島**（硫黄島・父母島等）**に至っては、カイロ決議においても「日本の史的統合領土」を認めている。**
——〔沖縄・小笠原諸島は〕**ポツダム宣言にいう「不限定島の範囲」に含めうるものではなく、これを米国が支配するのは、「アメリカが専取した」と解するほかない。**
——これは「ロシアが千島・南樺太を取ったことに比すべき征服」という非難を免れない。千島も沖縄も、他の同盟国が黙認し、日本が黙せる事実のほかには、弁解のない地域である〔**戦勝の同盟国と敗戦の日本は黙しているが、これは不法な征服だ**〕。

ペリーとの連続性

——それだけではない。**沖縄ことに小笠原諸島はすでに一八五三年ペリーが「一部占取を提言」して、「本国政府**（フィルモア大統領）**の断固斥けたところ」**ではないか。百年前のペリー遠征に比すれば、アメリカは征服戦の機を見るに及んで、先頃の「政府の良心」を「沈黙の潜伏した欲望」に委ねて実現したものである。

この記述から朝河は、ペリーによる「白旗」を用いた秘かな「恫喝」は、**「沖縄の征服」**においても**踏襲されたと**みていることが分かる。

朝河はここでペリーのもう一つの戦略を想起した。それは万一幕府との交渉が失敗した場合に備えて、**沖縄を武力占領して、石炭と水の補給基地**とすること、それによって長期戦を可能とする戦略だ。だが、南北戦争前夜のフィルモア大統領には、そのような冒険を許す余裕はなく、フィルモアはペリー一流の冒険提案をあっさり却下した。

――［米国の沖縄・小笠原占領は］あたかも「ロシアが前世紀初より屡々企てた北地奪取」を今におよび、「対日宣戦と日本降伏」とを利用しついに実行したのと同じだ」といわざるを得ない。[27]

領土問題、とりわけ沖縄基地化に対する朝河の見解は、明らかであろう。朝河は一方でポツダム宣言受諾による**敗戦国日本という国際政治上の制約条件**を十分に認識しつつも、占領軍として**占領行政を行う場合に遵守すべき原則**（たとえば内政不干渉等）を厳密に考察していた。そのような朝河史学、国際法の諸原則を踏まえたうえでの歴史学の知見を無視した結果、戦後の日米関係は極度にゆがんだ両国関係となり、その結果は日本と隣国との関係に深い断絶を生じさせている。その典型が沖縄の基地問題であり、辺野古沖の滑走路建設問題をめぐる沖縄県民と日本政府との対立はそのシンボルと化した。

米ソ冷戦体制下における沖縄基地の存続は、いわばやむを得ざる選択として許容せざるをえない要素もあった。だが、今日の沖縄基地問題は、米国の強制というよりは、日本政府の主体的意志が色濃く反映されている。

サンフランシスコ会議の片面講和（一九五一年）、続く日華平和条約（一九五二年）、そして日中共同声明（一九七二年）と、日本の国際環境は小さく変化してきたが、中国という眠れる獅子の覚醒によって、日米中三角関係の歪みは、いま大きな修正を迫られている。二〇〇年前に、ナポレオン・ボナパルトが語った警句「中国は眠らせておけ、中国が目覚めると世界を震撼させる」（Let China sleep, for when China wakes, she will shake the world.）は、これまでに少なからず引用されてきたが、中国は容易に目覚めなかった。

しかしながら、中国はついに目覚め、軍事的にも超大国にふさわしい軍事力を手にした。この目覚めの意味を認識できない視野の狭い人々が、辺野古基地を用いた軍事戦略で対抗できると錯覚しているのは、ほとんどマンガチックだ。

注

1　『朝河貫一書簡集』早稲田大学出版部、一九九〇年、六七五頁。筆者を含む朝河貫一書簡編集委員会によって『朝河貫一書簡集』が出版されたのは一九九〇年一〇月である。

2　当時、国連創設準備のサンフランシスコ会議が開かれていたことを指す。

3　朝河書簡の日付は五月一三日だが、この時点で米国の新聞はすでに沖縄戦の勝利を確定的なものとして伝えていた。事実、第一海兵師団第一大隊長 Richard P. Ross 中佐は一九四五年五月三〇日に首里城攻略の尖兵として、石垣に大隊旗を掲げた。

4 wish to capitulate

5 the two white flags he was sending there with

6 『書簡集』八三六頁下段の注、すなわち書簡番号二二六号の注記（253）には「George G. Clark はダートマス時代の同級生」と説明されており、さらに八三四頁上段の書簡番号二一〇号の注記（176）には「プリマス」の注記として「ニューハンプシア州ハノーヴァーの東北にある町。友人クラークの農場があった」と解説されている。ちなみに『朝河貫一書簡集』にはクラーク宛のものは、書簡番号二二六号（一九四〇年一二月一日付）、二三一号（一九四一年三月一六日付）、二三三号（一九四一年六月二九日付）、二三四号（一九四一年七月二七日付）、二三五号（一九四一年九月二〇日付）、二五六号（一九四二年九月二七日付）、二六三号（一九四四年一一月五日付）、二六六号（一九四五年二月一八日付）、二六九号（一九四五年五月六日付）、二七〇号（一九四五年五月一三日付）、二七二号（一九四五年九月二三日付）、二八〇号（一九四六年九月二九日付）、計一二通が収められている。

7 Diplomacy consists in gaining one's point through an understanding of the view of the other party.

8 K. Asakawa's Letter to Langdon Warner, Dec. 10, 1941. *Letters of K. Asakawa*, Waseda University Press, 1990. 邦訳、「G・G・クラーク宛て朝河貫一の手紙」一九四五年五月一三日『朝河貫一書簡集』所収。

9 本書巻末史料参照。朝河貫一の「大統領親書運動」については、矢吹晋『朝河貫一とその時代』花伝社、二〇〇七年、一〇二頁。

10 原著 Helen Mears, *Mirror for Americans : Japan*, Houghton Mifflin, 1948. ヘレン・ミアーズ著『アメリカの鏡・日本』伊藤延司訳、抄訳版、角川書店、二〇〇五年。

11 拳拳服膺とは、人の教えや言葉などを、心にしっかりと留めて決して忘れないこと、をいう。「拳拳」は両手でうやうやしく捧げ持つ形容であり、「服膺」の「服」は胸につけること、「膺」は胸の意、転じてよく心に留めることをいう。出典は『中庸』八章である。

12　David Nelson Rowe, *China among the Powers*, Brace and Co., 1945

13　ウィキペディアは、日中双方が宣戦布告をしなかった理由を以下のように書いている。「一九四一年一二月までは、日中双方とも宣戦布告や最後通牒を行わず、戦争という体裁を望まなかった。戦争が開始された場合、『第三国には戦時国際法上の中立義務』が生じ、『交戦国に対する軍事的支援』は、戦時国際法に反する敵対行動となる。日本は国際的孤立を避けるため、中華民国（蒋介石）は外国の支援なしに戦闘を継続できないため、戦時国際法に抵触しない形態を選択した。特に中国にとっては、アメリカの国内法である中立法の適用を避けたかったことも大きい。中立法は一九三五年から四一年三月の武器貸与法に至るまで続いた法律で、外国の戦争や内乱に米国が関与することを禁じ、武器および軍需物資の輸出を禁止するものであった。対ナチス、対日本に直面して、この局外中立の立場は放棄された。」（The Neutrality Acts were passed by the United States Congress in the 1930s, in response to the growing turmoil in Europe and Asia that eventually led to World War II. They were spurred by the growth in isolationism and non-interventionism in the US following its costly involvement in World War I, and sought to ensure that the US would not become entangled again in foreign conflicts. The legacy of the Neutrality Acts is widely regarded as having been generally negative: they made no distinction between aggressor and victim, treating both equally as "belligerents"; and they limited the US government's ability to aid Britain and France against Nazi Germany. The acts were largely repealed in 1941, in the face of German submarine attacks on U.S. vessels and the Japanese attack on Pearl Harbor.）https://en.wikipedia.org/wiki/Neutrality_Acts_of_1930s#End_of_neutrality_policy

14　日本の宣戦布告の対象国に中華民国は含まれていないが、中華民国は翌一二月九日に次の対日宣戦布告を発表した。「中華民国政府対日宣戦布告　一九四一年一二月九日。日本军阀夙以征服亚洲，并独霸太平洋为其国策。数年以来，中国不顾一切牺牲，继续抗战，其目的不仅在保卫中国之独立生存，实欲打破日本之侵略野心，维护国际公法、正义及人类福利与世界和平，此中国政府屡经声明者也。中国为酷爱和平之民族，过去四年余之神圣抗战，原期侵略者之日本于遭受实际之惩创后，终能反省。在此时期，各友邦亦极端忍耐，冀其悔祸，俾全太平洋之和平，得以维持。不料强暴成性之日本，执迷不悟，且更悍然向我英、美诸友邦开衅，扩大其战争侵略行动，甘为破坏全人类和平与正义之戎首，逞其侵略无厌之野心。举凡尊重信义之国家，咸属忍无可忍。兹特正式对日宣战，昭告中外，所有一切条约，协定、合同，有涉及中，日间之关系者，一律废止，特此布告。中华民国三十年十二月九日　主席　林森」

15　事件の約二ヵ月後の一九三七年九月二日閣議決定、「事変呼称ニ関スル件」において、「今回ノ事変ハ之ヲ支那事変ト称ス」ことが決定された。

16　一九四〇年三月三〇日～一九四五年八月。

17　Aは米国、Bは英国、Cは中華民国、Dはオランダ。

18　国立国会図書館昭和前半期閣議決定等（一五一八件）https://rnavi.ndl.go.jp/politics/entry/bib00362.php

19　一九四一年一二月九日、蒋介石の重慶政府が日本に宣戦布告し、日中ともに「戦争」と認定した。中華民国政府は「八年抗戰」「中日戰爭」と呼称し、中華人民共和国政府は「中国人民抗日战争」などと表記する。

20　いわゆる「神道指令」。

21　由井正臣「占領期における『太平洋戦争』観の形成」『史観』第一三〇号、一九九四年三月、五頁。

庄司潤一郎「日本における戦争呼称に関する問題の一考察」『防衛研究所紀要』第一三巻第三号、二〇一一年三月から再引用。四六頁。なお庄司の現職は、防衛省防衛研究所戦史部上席研究官である。

22 庄司、四七頁。

23 子路曰、衛君待子而為政、子将奚先、子曰、必也正名乎、子路曰、有是哉、子之迂也、奚其正、子曰、野哉由也、君子於其所不知、蓋闕如也、名不正則言不順、言不順則事不成、事不成則礼楽不興、礼楽不興則刑罰不中、刑罰不中則民無所措手足、故君子名之必可言也、言之必可行也、君子於其言、無所苟而已矣（子路が問う。「衛の君主が、先生に政治を任されたとすると、先生はまず何を先にされますか」。先生曰く「きっと名を正しく定める」。子路が言った。「先生は全く迂遠なやり方をされる。どうして名を正そうとされるのか」。先生曰く「名が正しくなければ、話の筋道が通らず、話の筋道が通っていなければ政治は成功しない。政治が成功しないと礼楽の文化様式は振興せず、礼楽が振興しなければ刑罰が公正でなくなる。刑罰が公正でなくなれば、人民は手足をゆったりと伸ばすことさえ出来なくなる。だから、君子は必ず言葉でしっかりと名を定義する。名を定義すれば、必ず実行すべきである。その有言実行のため、君子は軽はずみな発言をすることがない」）。

24 庄司、八〇頁。

25 これに対応する中華民国側の対日宣戦布告。

26 第一次大戦後、国際連盟の委任により、日本は旧ドイツ領を委任統治していた。

27 なお、日本の領土をその歴史的過程、国際法との関連で細かく腑分けしている箇所は、加藤哲郎『象徴天皇制の起源』の紹介した米情報戦略局（OSS）『日本の戦略的概観』（一九四一年）に酷似している。これは朝河が『概観』を参照したのではあるまい。このOSS報告書の基調こそが「朝河日本学」に学んだ結果とみたほうが妥当であろう。天皇制を含む「国体問題」についても、同書および拙著『敗戦・沖縄・天皇』を参照。

「衣の下から鎧が見える」――結びに代えて

一連の「白旗授受」による秘かな恫喝

衣の下から鎧を見せるという言い方がある。「穏やかな姿勢の裏に威圧的態度が透けて見えるさま」「本音が見え隠れする」有様を、古人はこのように表現してきた。

ペリー提督の白旗差出は、まさにこの一語に尽きる。フィルモア大統領の穏やかな外交辞令で綴られた国書は、まさに、美しい衣である。しかしながら、これでは幕府の異国船打払令に対抗できない。ペリー提督とその参謀ウィリアムズが知恵をしぼったのは、そこだ。

クロフネ四隻は、恫喝の素材としては有効だが、それだけでは話は進まない。クロフネ四隻で遠路はるばるアメリカ西海岸から太平洋を渡ってきたのは、「大統領国書」を届けるためだ。素直に受け取ってもらえれば有り難い。もしお断りなさるのならば、来年はもっと大きな艦隊で再訪する。その時には、大砲がものをいうはずだ。もし投降したいならば、お渡しする白旗を掲げられよ——。

こうして幕府が開国を迫られた様子は、本書で取り上げた通りである。

「漂流民の人権擁護」に隠れた黒人奴隷の存在

ペリーとウィリアムズの作戦は、見事に成功して、江戸表の老中首座・阿部正弘は国書を受領し、受領証をペリーに渡した。

この受領式は久里浜に設けられた幕の内で行われたが、ペリー提督を護衛し、書簡を収めた特製の美しい箱の運び役は黒人の少年であった。これを遠巻きに眺める庶民たちの間から、クロンボ、クロンボというささやきが起こり、それが通訳ウィリアムズの耳に残った。

久里浜の人々は初めて黒人の姿に接して、その肌の黒さに驚いた。人々はこっそりウィリアムズに尋ねた。「黒人は女もこのように黒いのか」と。

時代は米国の南北戦争の前夜であり、米国における奴隷制度の功罪は当然人々の議論にものぼっていたと思われるが、ウィリアムズは、ここでは奴隷制度はさておいて、「日本漂流民の人権擁護」を訴えた。

「通商を欲しない幕府の国法」を表向き尊重しつつ、「漂流民の人権を国法の上におく」キリスト教的価値観をもって、与力香山に迫るのがウィリアムズの説得術であった。これは、すでに中国語と中国人の発想を相当に学び、「似ていながら異なる日本語と日本人」についても、一定の認識をもつウィリアムズらしい発想にほかならない。

「軍師」ウィリアムズ

通訳兼調整役として白羽の矢を立てて、逡巡するウィリアムズを敢えて起用したペリーとの共同作業によって、幕府はようやくフィルモア国書の受領を決断したのであり、この外交劇において、サミュエル・ウィリアムズという「通訳の役割」は、きわめて大きなものであり、あえて誇張するがこれはほとんど「軍師の役割」に近い。

こうして、サミュエル・ウィリアムズの役割に対する洞察がなければ、黒船来航の核心は理解できないのだ。近年の白旗論争が袋小路に陥ったのは、他の要素もないではないが、なによりもキーパーソン・ウィリアムズに光を当てることを忘れ、論者たちがペリー『遠征記』の虚偽報告、虚偽記述に惑わされ、砲艦外交の側面を軽視して、さらに「文語調の日本語を書ける者は、ペリー艦隊にはいないはず」、といった予断で臨んだことによるといわざるをえない。

米国は英国に真似て、まず中国と望厦条約を結び、次に日本の開国をと考えるが、交渉は難航する。日本への開国要求には捕鯨船の補給だけではなく、米国の対中国関係をにらんだ戦略的意図があった。つまり、米日関係は派生的に生じたのだ。ペリー日本来航の構図は、今日の米・中・日関係に直結する出来事であった。

米国はスタート地点から中国の前に浮かぶ小さな島として日本を意識していた。英国はインドから香港へ大陸伝いに航行したが、米国から見ると、まず沖縄があり、日本があり、その視線の先には中国大陸がある。

ペリーは無名の若者、ウィリアムズをいわば実験的に登用して、結果として日米和親条約調印という成果を収めた。ウィリアムズが中国事情の専門家であり、かつ日本事情、日本語にも関心があったことが大きな意味を持ったことは明らかだ。当時の米国では、中国とは異なる独自の存在として日本を見るものは、ウィリアムズのほかに見当たらない。

対中国政策をめぐってよみがえった「白旗トラウマ」

翌一八五四年二月、再度、浦賀沖に現れたペリーの一行は、約一カ月の協議の末に横浜に上陸し、一二カ条の日米和親条約に三月三一日に調印した。ペリーの開港要求は、幕府側によって受け入れられ、下田と函館が開港されたことは、幕末の最大の事件の一つである。開港の成功という結果に包まれて、それを準備した白旗恫喝は、人々の記憶から薄れた。

しかしながら、島崎藤村が『夜明け前』を執筆した昭和の初めから、日米関係は日本の対中国政策をめぐって緊張するようになり、人々の心理に「白旗トラウマ」という邪念の蛇が鎌首をもたげるようになった。

日米関係は満洲事変以後、決定的な対立となり、日本を封じ込めるＡＢＣＤラインが形成され、追い詰められた日本は、真珠湾攻撃を断行し、三年半後に投降した。

戦後も続く、あいまいな歴史認識の怨恨

マッカーサー将軍が一九四五年九月二日、戦艦ミズーリを停泊させた場所は、その九〇年前にペリー提督が黒船ポーハタン号を停泊させた位置とほぼ同じであった。

ミズーリの甲板にはためいていた二枚の星条旗のうち一枚は、ペリー艦隊ポーハタン号に掲げられていたもの、もう一枚は真珠湾攻撃を受けた際にホワイトハウスに掲げられていたものであった。マッカーサーは日米関係の「原点と破局」を象徴する二枚の国旗を周到にも用意しつつ、占領軍として敗戦国に乗り込んだ。

沖縄戦争の行方と戦艦ミズーリの降伏調印式の行方をイェール大学キャンパス内の宿舎で一人憂慮していたのが朝河貫一であった。朝河はペリーの白旗恫喝のすべてを熟知しており、もし占領軍がそのような乱暴な振る舞いを再び行うならば、戦後の日米関係が損なわれることを危惧していた。そのような懸念と危惧を抱きつつ、彼は「新生日本の展望」（小著『敗戦・沖縄・天皇』所収）を執筆していたが、一九四八年夏、心臓発作で倒れた。

一九九〇年代、ソ連帝国が崩壊し、冷戦が終わった。そこで蘇生したのが大小のプチ・ナショナリズムである。日本の右派評論家が「白旗伝説」を書いたのは、この時代風潮と無縁ではない。それから約一〇年、「衣の下の鎧」について、「鎧はなかった」と解する素朴な平和論者が日本史界では優勢だ。

遺憾ながら、ペリーの白旗恫喝は決して、過去の話ではない。国際情勢は外交辞令だけで解

決される状況には至っていない。ペリー艦隊の「衣の下の鎧」は、そのまま今日のアメリカを中心とするグローバル秩序に接続する。

第二次世界大戦における中国の勝利は、帝国主義の従属国、植民地諸国の主権国家への道を切り開き、一九三の主権国家が生まれ、国際連合のメンバーとなった。

しかしながら、これらのいわゆる主権国家が真に主権を行使できるようになったわけではない。それどころか、日本のように、戦後七〇年を経た今日でさえも、主権国家に似つかわしくない従属政治を続けている国さえある。現代史の教訓を学ぶ必要性はますます深まりつつある。

本書の校正を武漢東湖畔の荷田大酒店で終えた。武漢大学海洋権益シンポジウムの合間にゲラを読むめぐり合わせになったのは単なる偶然だが、日中戦争と日米戦争とのつながりを改めて考えながら擱筆する。

二〇一五年一〇月二六日、著者

巻末史料

一　史料二〇、嘉永六年六月四日浦賀表米船対話書（続通信全覧類輯）

浦賀奉行支配組与力香山栄左衛門と中佐ビュッカナン、同アダムス大尉、コンチー等と、国書受取方に就いて[1]

嘉永六年六月四日早朝、香山栄左衛門、通詞堀達之助、立石得十郎、昨日の蒸気船に相越し、尋ねたき儀これあり候間、将官へ面会致したき段申し入れ候処、日本上官のこれなき候にては、面会致さずの旨申し答え候につき、この方より今日参り候は浦賀にて応接長官に候旨、通詞をもって申し諭させ候処、承諾致し、乗船致し候につき、すなわち乗移り、将官部屋において将官、副将官両名、そのほか士官多数立会い、応接左の通り。[2]

栄左衛門――昨日応接の者より申し諭し候通り、この地は外国人と応接の地にこれなき候間、その旨、篤と了解これあり、長崎へ相回り、唐紅毛らの手を経て、書翰差出し候えば、夫々応接の役々もこれあり、万事外国関係の儀は、彼の地に一切引受けおり候間、諸事の都合も宜しく候間、何れにも長崎表へ相越され候。

将官――申し聞かされ候御趣意は、至極ごもっともに候えども、江戸表へ持参致すべしとの国命につき、何分長崎へ罷り越し候儀は、相成りがたく、この節主将持越し候本国よりの書翰は、日本帝または外国の事を御執計成られ候ミニストル（執政御老中を指し候唱え候）の外には相渡しがたし。もちろん長崎表へ相渡り、唐蘭等の手を経候様之御取扱いは、一切受けがたく、もっとも当節持参の書翰御受取り相成りがたきか。または相当の御返翰相渡せられぬ候にては、本国に対し申し訳これなし。右様の次第につき、ぜひ当地において御受取りこれありたく候。若し受取り相成らず候わば、国命の通り江戸へ直に相越し、高官へ面会の上相渡し申すべく候。

栄左衛門――右様申し聞かれ候上は、受取りの成否当地の奉行限りにて取計らいがたき上は、そのため長崎の外国応接の役所これありを以てなり。その国法に相戻り、いうところなし。それ応接すべからざる地において、接待に及び候の儀は、江戸表へこれを伺いの上に、政府よりの指図これなき候にては、成否相定めがたし。何れにも一応江戸表へ伺いの上、受取りとも、また受取らずとも、返答におよぶべし候あいだ、それまで相待ち申されるべく候。

将官――日数何日ほど相掛かり候や。

栄左衛門――往返四日ほど相掛かり候。もっとも政府の評議は、幾日相掛かり候や相計りがたく候。

将官――実は江戸へ持参の上、高官へ相渡し申さずの旨は、使命を誤り候わけにて、甚だ快ならざり候えども、高官江戸表よりこの地へ相越され、受取り相成り候儀に候えば、やむをえざる次第につき、相待ち申すべく候えども、遠海相隔て渡来し、いたずらに日を数え、相待ち候儀は致しがたし。今日より四日目昼過ぎまで相待ち申すべく候。

栄左衛門――素より遠海の遠きを厭わず、波濤を凌ぎ、渡来の儀を政府においても相察し、使節の趣意空しく相成らざる様、穏当の下知にも相成るべし。精々速やかに下知相成り候様取計らい、相分かりしだい沙汰に及ぶべく候。

将官――四日目昼過ぎまで相待ち、御返答これなき候えば、今は致し方もこれなく、江戸表へ罷り越し候えども、またいかようとも、存念通り、取り計らい申すべく候。もっともその節に至りて、事平の用向きこれあり候えば、白旗を掲げ参るべしと申し候。

栄左衛門――右請取り方、成否の下知、相分かり候までは、用向きこれなき候えば、罷り越し申しまじく候。

（右通弁中、通詞達之助までホットメンより心得のためにと差出し候の書、首将［ペリー］持ち越し候合衆国王よりの書翰は、日本ケイヅル（帝の義公方様御事を云う）または外国の事を執計成られ候ミニストル（摂政官之儀御老中か）より外、役人へは呈しがたく候。もちろん長崎に参り、唐和蘭人の手を経て候の沙汰は、受け難く候。右書翰受取り相成りがたし。かつ相当の返書これなき候にては、本国に対し申しわけ相立ちかねがたく難渋致し候。就いてはいかようの返書にても宜しく候あいだ、一両日に受取りたし。もっとも右返書も、当所またはこの近所より外の場所にては受取りがたく候。

付1　史料一五、六月浦賀奉行支配組与力香山栄左衛門上申書、老中へ」[3]のうち六月四日の項

早朝通詞達之助、得十郎を召し連れ、本船に罷り越し候ところ、何分にも、上官ならでは応接致さずの旨、これを申し候につき、御国法ならびに応接官のわけ申し諭し候ところ、承知致し、乗組み申すべき旨、申し聞き候につき、将官居間に罷り通り候ところ、昨日三郎助に面会致し候異人は、将官より第三番目にて「名をコンチーと申す者にて候、この者翌寅年渡来の節は相見申さず候。この日は将官ブカナンならびに副将アダムス両人そのほか役々異人数多立会い候につき、渡来の次第相糾し候ところ、このたび本国北亜墨利加ワシントン国王より本邦への書翰持参、合衆国中カリホルニヤより、使節として蒸気仕掛け軍艦二艘フレガット軍艦二艘相催し、高官の者罷り越し候につき、上官の者罷り出、書翰受取りくれ候ようこれを申し候につき、御国制申し聞き渡し、かつ当所は異国応接の地にあらず申し旨あらば、長崎に回るべき趣き申し諭し候ところ、このたび浦賀表に渡来致すべき義は、書面をもって昨年中政府に通達および置き候ことにて、長崎に相回り候義は、国王の命これなきにつき、相成らず、当所にて書翰受取りに相成らず候わば、直に江戸表に罷り越し、相渡すべしと申す。もちろん国王書翰の趣意は、篤に相分かりおり申すべき旨、これを申す。船中の形勢人気の様子、非常の体を相備え候につき、とてもこのまま書翰御受取りこれなくては、平穏の取り計らい相成りかね候段、見切り候につき、いずれ受取り方の儀は、江戸表に相伺い候よう致すべし、左候えば、往返日数かれこれ急速のことには参らず段、申し聞き候ところ、この儀政府にては存じおる申すべきことにつき、往返三四日を限り、否承知致したく、かつ当所にて御受取りに相成らず候わば、江戸表に罷り越し相渡すべしと申す。江戸表え相伺い候にても、当所にて御受取りに相成らず候わば、使命を過り候恥辱雪ぐべきなし。されば浦賀においてよぎなき場合に至ると申すべし、その節に至り候とも、用向きこれあり候は、白旗を建て参りくれ候えば、鉄砲は打ち掛け申すまじき段、存じ切り申し聞き候。相貌将官はもちろん一座居合わせし異人一同殺気面に相顕れ、心中ぜひ本願の趣意相貫きたき心底得て、相察し候につき、彼を武威をもって強いて相渡し候受取り候よう相成りて候には、御国体にかかわり、容易ならざる事どもにつき、万里の波濤を凌ぎ、国命を受け、使節として罷り越し候切意、空しく致すべきさまの御仁ならざるの御所置は、これあるまじく穏やかに都府の下知を待居るべしと申し諭し、引取りその段申し上げ候ところ、右異人ども存じ込みの趣き、出府の上石見守へ申し立て、平穏の御取り計らい相成り候よう申し上げるべき旨、伊豆守申しつけ候につき、即刻久里浜村役船に乗組み、同心組頭福西源兵衛召し連れ、出府致す。夕七つ時ごろ、小川町石見守御役所に着く。石見守に面会仕り、応接の次第逐一演達に及び候上、彼申し立て候には、このたび国王の書翰持参し、浦賀表へ渡来致すべき義は、かねて政府え通達におよびおき候ことゆえ、政府にては能々存じ居り申すべし。よって長崎に相回るべく義は、これをもってこのほかのことどもなりと、殺気相含み申し立て候は、さらに意味合解しかね候義にて、昨年中風説書の写し御渡しに相成り候は、渡来は致さぬ事とまで、御内々仰せられたく候の義は、天地懸隔の相違、いかなる わけにこれあり候か。いかがござ候かと申し立て候ところ、実は昨年中その段申し越し候 ことの由、石見守申し聞き候につき、左候えば、その段かねて、伊豆守に仰せ渡しこれあり候えば、初発よりかくのごとく行き違いはでき仕らずところ、御秘密に成りおかれ候段、いまさら何とも申し上げるべきさまござなく嘆息の限りにござ候段申し立て、実にあさまじきことどもに、ひそかに落涙数刻におよび候。しかるところ、今晩は一宿致し、明日御評議の否承り候上にて、浦賀に帰りいたすべき旨、石見守申し聞き候につき、同人方に一宿致し候。

付2　史料一八、六月和蘭通詞立石得十郎覚書、米船浦賀渡来一件[4]のうち、**六月四日の項**

一つ、栄左衛門・達之助・得十郎が蒸気船に参り、ここは昨日も申し諭し候通り、外国人と応接致さず候あいだ、その段篤と会得いたし、長崎に相回り候よう申し聞き候ところ、御趣意は至極ごもっともに候えども、江戸表え持参致すべしとの主命につき、何分長崎に罷り越し候義は、相成らざる旨、申し張り、中々承諾の体相見ず候あいだ、しからば一応江戸表に伺いの上、請け取りとも、又受取らずとも、返答に及ぶべき候あいだ、それまで相待ち候よう申し聞き候ところ、日数幾日ほどかかり候かの段、相成り候につき、往返四日相かかり候、もっとも政府の評議は幾日相掛かり候か計りがたしと申し聞ける。さるところ、今日より四日目昼まで相待ち申すべき旨、申し出る。これによりてなるだけ急々沙汰いたすべき旨、申し聞き、引き取る。

二　史料 六二、嘉永六年六月七日浦賀表米船対話書[5]（続通信全覧類輯）

「六月七日浦賀表米船対話書、浦賀奉行支配組与力香山栄左衛門と中佐ビュッカナン、同アダムス大尉、コンチー等と、国書受取方に就て」

六月七日香山栄左衛門、通詞堀達之助、立石得十郎、本船に相越して、応接左の通り。

栄左衛門――書翰の儀、江戸表え相伺い候ところ、当地において受取るべしの旨、御指図これあり候につき、左様相心えらるべく候。

将官[6]――この節持ち越し候書翰のほかに、添書これあり候あいだ、右添書ただいま相渡し候につき、早々江戸表え相達せられ候べし、書翰の事柄相分け、江戸表より高位の役人これを取るために出張を請うべくこれあり候あいだ、即刻持帰るべしと申され候。

（右の通り申し聞き、すなわち添書を差出す）

栄左衛門――その儀に候わば、最初より申し出らるべきところ、今に至り右様の儀申立て候は不都合につき、書翰受取りの節、右の添書一同相渡し候手続きに相成りたく候。
将官――この添書は前広に差出し申さず候にては、事柄前後に相成り、不都合につき、ぜひただいま相渡し候よう致したく候。
栄左衛門――ただいま受取り持帰り候にしかるべく候えば、このまま受取り帰るべく候えども、右様前広に差出さず候にては、不都合のわけに候えば、過日江戸表へ申立て候以前に、差出され候わずのところ、その節は何の説もこれなく、ただいますでに江戸表より受取りの主任相越し候に至りて、さらにその書を江戸に差し送り申すべしとは、実に不都合にはこれなきか。
(この時、ことのほか相困り候体にて、しばらく無言にて、何か相考え候体に相見ゆ)
将官――右様ただいま受け取り兼ねらる儀に候わば、書翰一同相渡し候よう致すべく候。
(これは自分の添書にて、実は書翰一同相渡すべき書にこれなく、最前差出し落ちと相見え候)

受取りの役人は、いかようの官職の人にこれあり候か。首将〔ペリー〕においては至りて高位の者につき、日本にても同位の役人に相渡し申したく、もし高位の人にこれなく候えば、江戸表において、高位の役人へ相渡すべしと申し候。

栄左衛門――請けとりの役人は、アトミラール（官名）と同様の官に当たり、専ら政務を司どる高位の人に相違これなし。その儀は決して疑心これあるまじく候。かつ右書翰受取りのため応接の場所は、この近傍久里浜と申す海浜に陣屋を設け、その所において受取り候わずにつき、将官にも上陸これあり、応接のうえ相渡さるべく候。

将官――久里浜と申すは、浦賀と距離いかほど離れおり候か。

栄左衛門――久里浜は浦賀御番所より西北の方へ距離一里ほど相隔たり候。

（この時、達之助が日本の一里は英国の里数何ほどに相成りと申す儀を弁説致し候）

将官――それはあまり遠方につき、相成りべくば、いま少しほど近い場所にて、御受取り相成り候よう致したく候。

栄左衛門――相成るだけ近辺の方において当方も都合よろしき場所を見分け致し候えども、日本高官の者従者数多召し連れ出張致し候につき、手狭の場所にては混雑致し不都合につき、やむをえざる事、久里浜と相定め候。

将官――左様のわけもこれあるべく候えども、相成るべくば、ほど近の地にて御渡し申したく候。若しまた是非とも久里浜と申す事に候えば、蒸気船二艘相回し、それより上陸致したく候。

栄左衛門――その儀は苦しからず。勝手次第に候えども、追々も申し入れ候通り、当地は外国人応接の地にこれなく候あいだ、書翰受取りの節は、双方ともに一言の問答に及ばず、ただ書翰受取り渡しにて、すでに事相済み次第、早々と本船へ引取り申さるべく候。元来書翰をこの地において受取る儀は、国法においては、致し難き事に候えども、この度は使節の苦情を察し、枉げて受取り候の儀にこれあり。依りて返翰の儀は、国法にしたがい、長崎において相渡すべしと申し候。

将官――過日より追々申し述べ候通り、国命は江戸へ罷り越し、書翰差し上げるべしと申す旨、申しつけを承り、相越し候えども、受取りの高官この地まで出張し、受取り相成り候と申し聞き候ゆえ、やむをえずの事、使命に背き候えども、余儀なき事情によりて、ここもとにおいて相渡し候。しかる上は返翰とても長崎に至り受取るべきところ、これなしという。この地にて受取り候の儀、当然に候。いつまでもこの地において相渡されず候にては、使命を辱め候しだいにて甚だもって難渋致し候。もっともただ今直ちに返翰御渡しもいかがにつき、両三カ月中に当たり、［浦賀］表へ再渡し致すべく候あいだ、その節当所にて返翰受取るべしと申し候。

栄左衛門――両三カ月と申すは、およそ何月ごろの事に候か。

将官――期限はしかと差し決めがたく候えども、たとい延引きに及び候えども、五〜六カ月までには、必ず再渡し致すべく候。

栄左衛門――申し聞かれ候の趣は委細奉行へ申し達し、相成るだけ御返翰も当所において相渡すべく候よう、取り計らうべく申し候。

将官――江戸より当節、書翰受取りとして参られ候高貴の人は、帝よりの印書［信任状］持参これあるべき候あいだ、その書一覧致したく、かつその書の文意は和蘭語に訳し、御認めこれあり、首将へ御渡し下されたく候。

栄左衛門――右書面は、明日乗船の上、一見致され候よう、取り計らうべく申し候。なおまた沙汰致すべく候。

付3　史料一五「六月浦賀奉行支配組与力香山栄左衛門の上申書、老中へ」[7]のうち六月七日の項

六月七日、四つ時すぎ、書翰受取りべき旨、御下知相済み候につき、その段異人どもへ申し渡すべし、もっとも明八日、石見守浦賀着につき、明々九日、久里浜において受取りの旨、談ずべき趣き、伊豆守申し渡され候につき、本船に罷り越し、その段異人どもに申し聞かせ候ところ、右書翰のほかに政府よりの添書これあり候あいだ、右添書即刻江戸表え相達し候えば、政務を司り候御方は、かねがね意味合い相心得おり申すべき候につき、直に御返翰頂戴罷り帰りたく、即刻この添書持参いたしくれ候よう申し聞き、添書差出し候につき、左候えば、最初よりその段、申し出るべきところ、国王の書翰受取りと事決定いたし候あと、又々右様の儀申し出候は、違約にはこれなきかと申し諭し候ところ、これより追々枝葉のこととのみ申し出し候。右枝葉と申し候は、畢竟手荒の申し分にて、昨年中および通達しおき候ことゆえ、いまさら隙取り候義は、これなきところ、右様手重に申し候は、本願の主意相叶わざる事これあるべし、速やかに一戦に及び、勝敗相決すと申すべし。あるいは浦賀奉行には、かねて申し越し候義は存ぜぬ事と相見候あいだ、江戸表に罷り越し、御老中方に御直談申すべしなどと、種々難題申し募り候につき、初発より右様の義は申し聞き候のみならず、書翰の趣意は政府に於いてはかねがね心得居り申すべしとも、いずれにも国家緊要の義にこれあるべしのあいだ、速やかに評決いたし候義は成り難かるべし。是非々々書翰一致に受取るべき旨、申し談ず。漸く承諾なし致し候ところ、ペルリより承知の趣き書面差出し候。右受取りの官人は、いかようの人に候か。彼は国王の次なる者、至りて大官にて、専ら政務を司り候につき、日本においても同様の官人江戸表より罷り越し、受取り候よういたしたくの段、これ申し候につき、この義は前にも認め候通り、意味合いわきまえず、浦賀奉行に相渡し候義は好ましからずの趣申し聞き、政務を司り候ほか大官の御方に相渡し申す旨、申し聞きあいだ、その義においても、かねて受取りのため江戸表より大官の人罷り越し候あいだ、安心致し候よう申し聞き候のところ、受取り場所の義は、久里浜にては場遠きにつき、いま少々手近のところにて、受取りたき旨、これを申し候えども、皇国大官の人受取りのため罷り越し候義は、容易ならざる儀、狭隘の地に出張迷惑いたし候につき、仮に陣屋を取建て、蒼野海浜の受取りにいたし、元来応接の地にあらざれば、一言の問答に及ばず、書翰受取りのこと終わり候わば、速やかに本船に引き取り申すべし。その節前後差し引き案内罷り越すべくの趣きなど、万端漏らさぬよう申し談じ候ところ、異人ども大いに安心いたし候様子にて、国王の書翰一見いたしくれ候ようこれを申し、長さ三尺ほど幅二尺ほどの箱を持ち出し候、この箱外面はチャンを以て湿気を覆い、ネジ釘をもって差し固めこれあり候を相開き候えば、内に黄塗りの箱これあり、これを開き候えども、その内に異木をもって指立て候箱これあり、その内面は藍色の天鵞絨ようのものにて相包みこれあり候。この箱すなわち書翰入れにござ候、元来大切なる書翰の義にござ候えば、即刻元のごとく固め封し仕り候。この節右書翰に相対し候か、祝砲三発相放し申し候、かれこれ仕り候うち、夕刻に至り候あいだ、引き取りその段申し立て候。

付4　史料一八　六月和蘭通詞立石得十郎覚書、米船浦賀渡来一件[8]**のうち、六月七日の項**

一つ、栄左衛門・得十郎、乗船いたし、書翰はこの所にて御請けとりに相成り候あいだ、左様相心え候よう申し聞き候ところ、国主の書翰ならびに政府の添書二通これあり。右添書、すでに相渡し申すべく、本翰［フィルモア国書］は高位の御役人ならでは御渡し申すまじきむね申し出候につき、このたび書翰受取りとして江戸より参られ候役人は、至りて高官高位の人［石見守］にこれあり候あいだ、本翰ならびに添書ともに一同相渡し候よう強いて申し聞き候ところ、先ず添書を相渡し申し上げ、その上にて本翰を相渡し申すべしと言わざるかと言詰め候ところ、暫く勘考の上申し出候は、大きな事行き違い出来候あいだ、本翰ならびに添書とも一同明後日高官の御役人え首将［ペリー］より御渡し申すべき旨申し出る。これによりて、明後日はただ書翰を請取り候の計にて、互いにいかなる事も咄申すまじき段、申し諭し置く、かつ書翰はここにて請け取り候えども、返翰は国法によりて長崎に相回りおき候あいだ、彼の地において請け取り候よう申し聞き候ところ、強いてご返翰もここよりほかの場所において請け取り候事は主命に相背き候あいだ、五六ケ月中に再渡いたすべく候あいだ、ぜひ当港にて御渡し下されたき段、申し出候につき、然らばここにて御返翰も御渡しこれあり候よう奉行へ申上ぐべしと申し聞きや、かつまたこのたび江戸より書翰請け取りとして参らせ候御役人は、帝よりの印書を持参あるべしの候あいだ、一見下され、かつその文意を和蘭語をもって御認め、首将へ下されたき段、申し出候あいだ、委細は明日乗船のうえ、一見なすべく致す旨、申し聞きや、かつ将官申し出候は、久里浜は遠方につき、相成るべく近所にて御請け取りに相成り候ようとの事につき、明日なおまた沙汰致すべき旨、申し聞き引き取る。

三　史料一二一、嘉永六年六月九日久里浜応接次第覚書〔付図二点〕（続通信全覧類輯）

○この三種の覚書、筆者を詳らかにせずといえども、参考のためここに収む。

癸丑〔一八五三年〕六月九日

一つ、今早朝、浦賀奉行戸田伊豆守、井戸岩見守、亜墨利加使節持参の書翰受取り出張につき、応接掛与力中島三郎助、香山栄左衛門、近藤良次、佐々倉桐太郎、その他与力同心、ならびに通詞堀達之助、立石得十郎、そのほか当三月より浦賀御備場へ砲術教授のため罷り越し居り候御小姓組大岡豊後守組下曽根金三郎、その手下に属し候面々、一同久里浜応接所に出張。

一つ、辰上の刻ごろ、応接掛与力四人、達之助、得十郎、差し添え、使節上陸のため案内、本船へ相越し、ほどなく首将アトミラール（爵名）日本使節マッゼウ・カルブレス・ペルリ（人名）、将官ベフエルヘッフル（爵名）フランキリン・ブカナン Franklin Buchanan（人名）、同将官セス・ファン・デン・アトミラール・スタフ（爵名）ハー・アー・アーダムス（人名）Henry A. Adams 同将官アシュタント、ファン・デン・アトミラール（爵名）ヨーン・コンチィ（人名）Lieutenant Contee 以上四人、士官二〇人余、兵卒三組、音楽方一組、総人数およそ三〇〇人余、めいめい帯剱致し、小銃相携え、反船（バッテラ船）一三艘に乗組み、久里浜へ上陸、首将書翰を持出し候節、祝砲一二、今日卯の中刻、書翰受取りこれあり。この時奉行は、陣羽織小袴、下曽根金三郎同断、同心役羽織、通詞は平常の羽織踏込み袴着用。応接所両側に松平肥後守、井伊掃部頭、松平下総守人数相これを固む。書翰の箱を四人にて持出し、奉行二人の前に置き、その箱の大きさは縦一尺五寸、横一尺三寸、青漆塗り、四方の縁は黒漆塗り、箱の左右に吉祥と漢字の記これあり。今一つの 箱は幅一尺、厚さ八寸ほどにて、横文字をもって記し候。都合二箱。

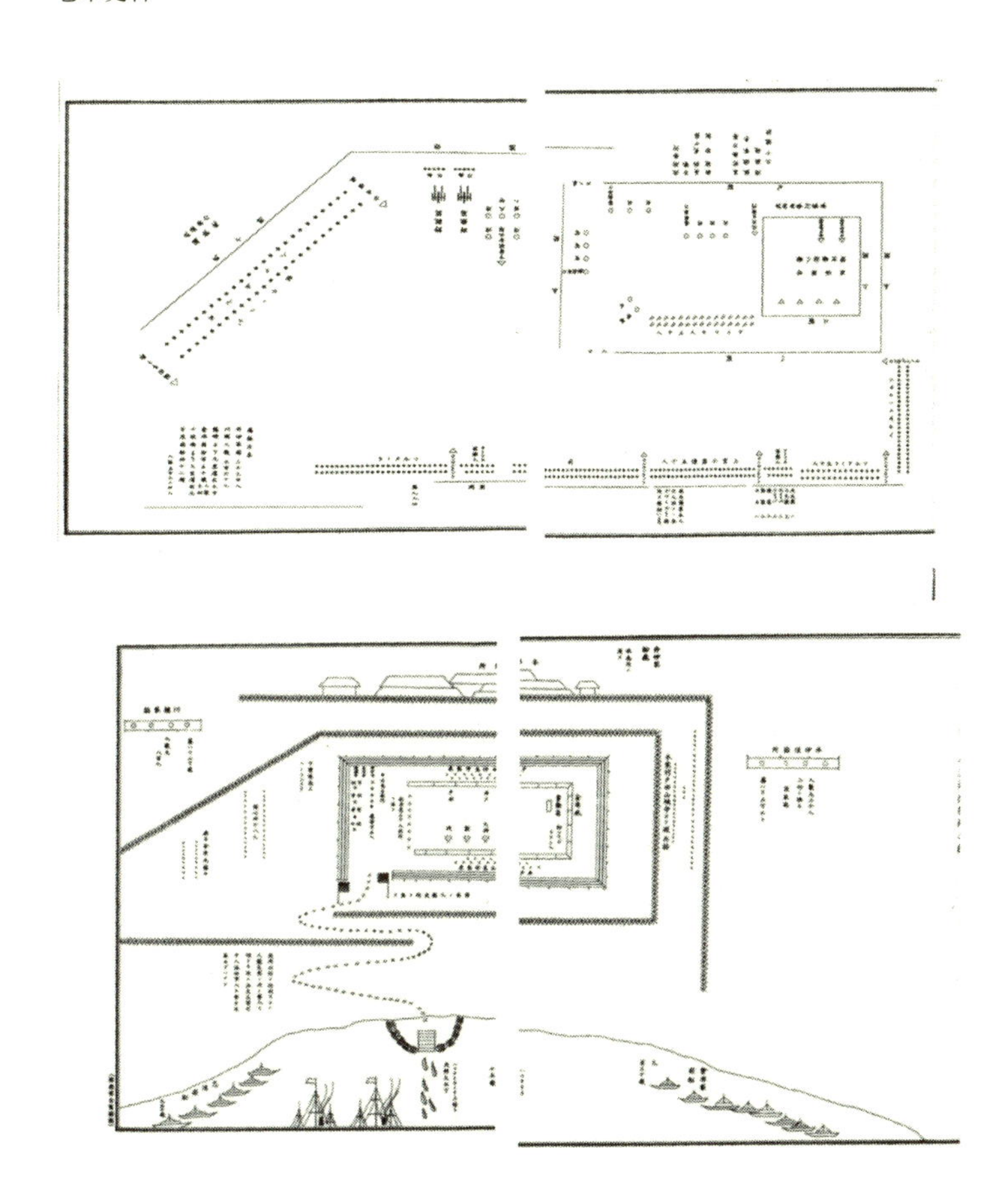

史料 一二一　嘉永六年六月九日久里浜応接次第覚書付図

使節ペルリ――日本国帝の御前にて開封これありたく候。

伊豆守――承知致し候。右受取り相済み、奉行より受取り書相渡し、直ちに退散。応接掛かり一同見送りのために乗船し、本船まで相越し候。

四　史料一一九、六月九日（?）米国使節ペリー書翰、我政府へ白旗差出の件

（町奉行書類所収外国事件書、『高麗環雑記』）

a　白旗蘭船本

「先年以来、各国より通商の願いこれあり候ところ、〔幕府は〕国法をもって違背に及ぶ。元より〔幕府の〕天理に背くの至罪、莫大なり。されば蘭船より申し達し候の通り、諸方の通商是非に希うに非ず。不承知に候わば、干戈をもって天理に背くの罪を糺し候につき、其方〔幕府〕も国法を立てて防戦致すべし。左候わば、防戦の時に臨み、必勝は我等〔ペリー側〕にこれあり。其方〔幕府〕敵対成り兼ね申すべし。若し其節に至り〔幕府が〕和睦を乞いたくば、この度〔米国が〕贈り候ところの白旗を押し立つべし。さればこの方〔ペリー側〕の砲を止め、艦を退いて和睦致すべし、と云々。

○町奉行書類には、初めに「亜美利加極内密書写」と題す。『高麗環雑記』には、初めに「北亜墨利加より差越し候書翰九通のうち、この一通は、諸大名御旗本に至るまで、披見御免これなき書面和解」と題し、末に「右は御小姓久留氏日誌にこれあり候を極密書取候事」と付記す。

○『高麗環雑記』には、末文「艦を退け和議致すべし旨、申し趣旨の和解にこれあり」とあり。

b 白旗撫恤本

「亜墨利加より贈り来る箱の中に、書翰一通、白旗二流、ほかに左の通り短文一通。皇朝古体文辞一通、前田夏蔭これを読む。漢文一通、前田肥前守これを読む。イギリス文字一通、不分明。右各章句の仔細は、先年以来、彼国より通商願いこれあり候処、国法の趣にて違背に及ぶ。

ことに漂流等の族を自国の民といえども［にもかかわらず］、撫恤せざる事、天理に背き、至罪莫大に候。よって［アメリカは］通商ぜひぜひ希うにあらず。不承知に候べしや、このたびは時宜により、干戈をもって天理に背きし罪を糺す。その時にまた国法をもって防戦致されよ。必勝はわれにあり。敵対兼ね申すべきか。その節に至りて、和睦［和降］願いたく候わば、予め贈るところの白旗を押し立て示すべし。即時に砲撃を止め、艦を退く。此方の趣意はかくのごとし」

○嘉永癸丑〔一八五三年〕浦賀一件数条に、左の一文を載す。参考のため、茲に収む」。

注

1 「史料二〇 嘉永六年六月四日浦賀表米船対話書、浦賀奉行支配組与力香山栄左衛門と中佐ビュッカナン、同アダムス 大尉、コンチー等と、国書受取方に就て」『幕末外国関係文書Ⅰ』一三六～一四〇頁。

2 ホークス著に中佐びゅっかなん、同あだむす、及び大尉こんちーCommanders Buchanan and Adams and Lieutenat Conteeトアリ。

3 史料一五「六月浦賀奉行支配組与力香山栄左衛門上申書、老中へ」『幕末外国関係文書Ⅰ』一八～三三頁。

4 史料一八「六月和蘭通詞立石得十郎覚書、米船浦賀渡来一件」『幕末外国関係文書Ⅰ』八七～九九頁。

5 「六月七日浦賀表米船対話書、浦賀奉行支配組与力香山栄左衛門と中佐ビュッカナン、同アダムス大尉、コンチー等と、国書受取方に就て」『幕末外国関係文書Ⅰ』一七九～一八四頁。

6 史料二〇号対話書の注によれば、「ホークス著に中佐ビュッカナン、同アダムス及び大尉コンチーとあり」。

7 『幕末外国関係文書Ⅰ』一八～三三頁。

8 『幕末外国関係文書Ⅰ』八七～九九頁。

矢吹　晋（やぶき・すすむ）
1938年生まれ。東京大学経済学部卒。東洋経済新報社記者、アジア経済研究所研究員、横浜市立大学教授を経て、横浜市立大学名誉教授。(財) 東洋文庫研究員、21世紀中国総研ディレクター、朝河貫一博士顕彰協会代表理事。
著書：『文化大革命』、『毛沢東と周恩来』（以上、講談社現代新書）、『朝河貫一とその時代』、『日本の発見——朝河貫一と歴史学』、『劉暁波と中国民主化のゆくえ』、『チャイメリカ』、『尖閣問題の核心』『尖閣衝突は沖縄返還に始まる』『敗戦・沖縄・天皇』（以上、花伝社）他多数。

対米従属の原点　ペリーの白旗

2015年11月20日　初版第1刷発行

著者 ——— 矢吹　晋
発行者 —— 平田　勝
発行 ——— 花伝社
発売 ——— 共栄書房
〒101-0065　東京都千代田区西神田2-5-11出版輸送ビル2F
電話　03-3263-3813
FAX　03-3239-8272
E-mail　kadensha@muf.biglobe.ne.jp
URL　http://kadensha.net
振替 ——— 00140-6-59661
装幀 ——— 水橋真奈美（ヒロ工房）
印刷・製本— 中央精版印刷株式会社

ISBN978-4-7634-0758-0 C0021